英単語のいのち

早川 勇
isamu hayakawa

春風社
shumpusha publishing

英単語のいのち

目次

《植物の世界》 1

1 桜の木になぜ、さくらんぼの実はつかないか。／2 バラの国、イギリス／3 花を見て怒る人はいない／4 花から草へ話は続きます。

《野菜と果物》 9

5 豆で暮らす／6 もっと根菜類を食べよう。／7 ピーマン、ペッパー、ししとう／8 野菜のやさしい話／9 りんごの歌／10 籠いっぱいの果物

《お菓子と飲み物》 21

11 お城では、ケーキをいただきますか、それともカステラにしますか。／12 ビスケットは西洋文化への入り口／13 スコーンでお茶にしましょう。／14 プリンと pudding／15 紅茶、女の世界／16 コーヒーミルが欲しい／17 ジュースにしますか、サイダーにしますか。

《食事》　35
18 夏はやっぱり、ビヤガーデンで冷たいビールだ。／19 スープは飲むのですか、食べるのですか。／20 主食はパンですか、お米ですか。／21 一日三食／22 うなぎパイはどうですか。／23 たら腹食べてはいけません。／24 えびで鯛を釣る
《百貨店》　49
25 バーゲンセールには、いろいろ取り揃えております。／26 ズボンとパンツとスラックス／27 背広とスーツ、シャツとスカート／28 トランプ、カルタ、カード、カルテ／29 ランドセル、リュック、ナップサック、バッグ、カバン／30 部屋の照明はどうしますか。カンテラ、シャンデリア、キャンドル。／31「パート」と「セクト」／32 月給
《都市と住宅》　65
33 日本と英米の「みち」／34「くるま」でハイウェーを颯爽とドライブしよう。／35 home と house, hotel と hospital／36 ロンドンではどこに住みますか。マンション、アパート、スタジオ。／37 欧米の家はどうなっていますか。／38 日本の庭とイングリッシュ・ガーデン／39 フラワーショー／40 庭にはどんな木を植えますか。
《自然と人間》　81
41 雲は流れる丘の上／42 風雨にさらされ／43 太陽、月と moon／44 古代神話の世界

《動物》　89
45 熊のプーさんは何を追っかけていますか。／46 猫といったら、何を思い浮かべますか。／47 賭け事が嫌いな人も、一度は馬が疾走するのを見てください。／48 牛とロバ／49 神聖なる動物／50 あなたは、お肉を食べますか。／51 動物園はいくつになっても楽しい。／52 ライオンと象と二十日鼠／53 羊はうつくしい。
《昆虫と鳥》　107
54 英米人に嫌われている昆虫、好かれている昆虫／55 昼の鳥、ひばり／56 夜の鳥、ふくろう／57 鳥とゴルフ
《色彩》　115
58 人の感情と色／59 私の好きなことば、青雲の志／60 白黒の世界／61 カメラの内側／62 金と銀
《身体》　125
63 身体に関することば／64「心」と heart, mind／65「顔」と head, forehead, face, neck／66 人間の顔（あご、口、鼻）／67 うなじから腰にかけての美しさ／68 手と hand／69 五本の指の名前を英語で言えますか。／70「足」「脚」を使い分けていますか。
《身振り言語》　141

71 どちらがマナーに反しますか。／72 目は口ほどにものをいう／73 身振り言語の悲劇
《社会活動》 147
74 上流階級のスポーツ、テニス／75 森での狩りはイギリス人のスポーツ／76 モザイクで飾られた教会や美術館で、クラシック音楽を。／77 クリスマスと花祭り／78 朝昼晩のあいさつ／79 駅で切符を買って、小旅行に出かけましょう。
《ことの源》 159
80 グリーンピースと pea ／81 サンドイッチ、リンチ、土左衛門、韋駄天／82 塩の道は生命線／83 外来語四百年の歴史／84 外来語に惑わされないようにしましょう。
《語と語のつながり》 169
85 単語と単語の糸がつながりました。／86 合羽を着てアカペラで歌う／87 custom と costume ／88 外来語ショーの始まり、始まり。／89 人を間違えないで下さい。／90 フォーム、ユニフォーム、インフォーメーション
《摩訶《まか》不思議》 181
91 英語の不思議、複数形／92 数字の魔力／93 two について／94 ことばは気まぐれ（反対語の世界）／95 ことばは気まぐれ（反対表現の世界）／96 文字のひっくり返し／97 形容詞や副詞について、フリーに質問して下さい。

《日本語と日本人》 195

98 手紙と letter／99 「哲学」「小説」「雑誌」「汽車」を作った人々／100 「ノー」と言わない日本人

はしがき

本書は、筆者が二十年も前に作った辞典をもとにしている。高校生や大学生を対象に『英語基本語彙比較文化辞典』を作成した。ぜひ出版したいと思っていたが、その機会もなくそのままになっていた。アルファベット順の辞書という形ではなかなか読者が広がらないと考え、内容の関連するものを一緒にし、さらに随筆風に書き直して本の形にした。その作業をほとんど終え、海外研修に出た。二〇〇八年四月から翌年の三月まで、愛知大学の援助を受け、ロンドンで研修をする機会を得た。もちろん、専門の研究はあるが、それと並行して日英の言語文化と係わることについて調べたり見聞きしたりした。そうして出来上がったのが本書である。

私は「邂逅《かいこう》」ということばが好きである。その思いは、I look upon every day to be lost, in which I do not make a new acquaintance.（ジョンソン博士）。私は研究調査のために、ほとんど毎日、大英図書館に通った。そんなことをしていたら、邂逅などないと人は考えるかもしれない。決してそうではない。多くの人やものと出会った。二月にはロンドンで「春琴」という谷崎潤一郎の劇を観た。その一週間前に三味線の演奏会があった。それはなかなかうまく構成されたものだったが、それを聴きながら何十年も前のことを思い出していた。三味線に象徴されるような日本の文化や文学を拒否するところから、私の青春は始まった。私小説的な世界には絶対に戻らないぞと思った。劇を観てから一か月もして、トラファルガー・スクエアー近くの教会でバロック音楽を聴いた。これが私たちが求めていた世界だ。その演奏はシンフォニーのように壮大ではないが、ヨーロッパ数百年の歴史がそこにはあり、大きな人間ドラマがある。グローブ座でみたシェイクスピアのリア王もまさにその典型だ。今の私にかつてのようなイギリスに対する憧れの感情はないが、それでも初恋の淡い思いは残っている。

その一年間のあいだに私は三つの講演を行った。一つは、英国日本人会の文化講演である。ロンドンをはじめイギリスに永住している人たちを中心とする会である。もう三十年以上もイギリスに住むという人もまれではない。二つ目は、英国で日本語を教える先生方の会での講演である。これは日本基金(ジャパンファウンデーション)の後援で、何と三時間にわたるセミナーだった。三つ目は、オックスフォード大学の東洋学科(Faculty of Oriental Studies)での特別講義である。フレレスビック教授のご厚意によるもので、英語でのスライドやハンドアウト作りなど大変だった。これらの講演を通して、主催された方々だけでなく話を聴きにこられた方々とも親しくお話しすることができ幸せだった。また、ジョンソン関係では若手のヒッチィングス氏とも会うことができたし、広く辞書学に関連する人々とも知り合いになれた。

それだけではない。私は三か月間日本語を無償で教える機会をもった。三人のイギリス人と一人のフランス人に日本語を教え、彼らから多くのことを学んだ。その経験は何にもかえがたいもので、私の言語観や言語教育観に強い影響を与えるものとなった。四人のなかでも特にキャサリーン（Catherine Wilde）さんと知り合えたのは本当に幸運だった。彼女はケンブリッジ大学を出て浜松の役所で働いたことがあるという若き才媛である。一級の日本語能力が落ちないようにと、私を訪ねて来たのであるが、私のほうがどれだけ多くのことを教わったかわからない。毎週、本書のいくつかを読んでもらい、それについて話しあった。本書には彼女からの情報が多く入っているが、いちいち断り書きはしなかった。ここにまとめて心から感謝の気持ちを述べたい。

二十年前に書いたものをもとにしているが、最終的にできあがったものは最初の原型をとどめないほどのものとなった。この二十年間に私の関心や研究は大きく変わった。それに従い、ことばの万華鏡はその色を変える。話がころころと変わるが、意識的にそれをやっているので、最後までつきあっていただけると幸いである。そして、読み終わって、全体として何かしらの意味あるものが残ると信じている。何が残るかは読者次第である。

なお、本書のあちこちで初期の英和辞典が登場する。一つは『英和対訳袖珍《しゅうちん》辞書』（『袖珍辞書』と略す）で一八六二年に作られた。もう一つは『附音挿図　英和字彙《じい》』（『英和字彙』と略す）で一八七三年に編纂された。明治維新をはさむこの二つの辞書はきわめて対照的だ。それについては『明治は英語をいかに学んだか』などの拙著をご覧いただきたい。また、本文中のOEDは *The Oxford English Dictionary* をさす。

大英図書館前にて（著者とキャサリーンさん）

1

桜の木になぜ、さくらんぼの実はつかないか。

娘は四月五日に生まれた。桜の開花がどんなに遅れてもどんなに早まっても、この日、桜は満開だ。「さくら」「桜子」と名づけたかったくらいだ。

桜の花は英語で cherry blossom と呼び、その木は cherry (tree) という。しかし、果物として食べる「チェリー」とどんな関係があるのだろう。実は同じ桜の木で、品種が異なるだけだ。日本の桜の木は白っぽい花を咲かせる品種で、もともと山にあった。花見といえば、郊外か山にまでいって楽しんだものだ。欧米の cherry のほとんどはあの深紅のサクランボがなる品種で、花そのものよりも実のほうが重宝される。チェーホフの劇『桜の園』は、英語では *The Cherry Orchard* だ。本来ならば「サクランボの果樹園」と訳すところかもしれない。これでは、そのイメージが大きくちがってしまう。

私は学生にもこのように話をしてきたが、ある日、大発見をした。私の勤める大学のすぐ横に小学校があり、そこにはご多分に漏れず桜の木が植わっている。かなりの古木で、その幹は苔むしていた。花が咲き、桜は散った。私は桜の木の下を歩いていてふと気づいた。桜の木の枝に小指の先ほどの実がついているのだ。二週間もするとかなり赤くなって、サクランボと同じような色になってきた。私は意を決して、その実を二粒ほど取り、口に入れた。おいしくも何もないが、サクランボだ。この木はcherryと桜の木の中間種か、それとも古木で小さな実がつくようになったかのどちらかだろう。

cherryはやはり果実に中心がある。そのためか、counting cherry stonesという遊びがあった。食事の後でサクランボの種を皿に並べて子供が自分の将来を占うのだ。"Tinker, tailor, soldier, sailor, rich man, poor man, beggar man, thief."と唱えながら種を数えていき、最後の種に当たったのが自分の将来だ。tinkerだと「へたな職人」になってしまう。

では、イギリスでは桜の花は見られないかというと、決してそうではない。私が住んでいたロンドンのチジック地区では、公園や庭や街路の至る所に桜が見られる。八重の桜は見事なものだ。ロンドンの四月は寒いので、八重桜を一か月以上も楽しむことができる。ただし、日本のように川や用水に沿ってその堤に延々と桜の木が植えられることはない。「花曇り」「花いかだ」などということばは、そんな日本の光景から生まれたものだろう。イギリス人は日本人のように特別な思いでcherry blossomを見ることはない。

2

バラの国、イギリス

日本で花といえば桜である。イギリスではバラだ。

バラはその美しさと芳香によって花の女王（queen of flowers）と考えられている。英国をはじめヨーロッパでは野生のバラが至る所に咲き乱れる。野生のバラは種類も多く、日本の園芸種とは形がかなり異なる。岐阜県の可児市にある植物園のなかのバラ園を訪ねたとき、バラの種類の豊かさに驚いた。

rose は、青春・美徳だけでなく幸福や楽しみも表す。しかし、人生は常にバラ色とは限らない。**Life is not all roses. Life is not a bed of roses.**（人生は楽しいことばかりではない）**Gather roses while you may.**（若い時に青春を謳歌《おうか》しなさい）**No rose without a thorn.**（この世に完全な幸福はない）**The fairest rose is at last withered.**（どんなに美しいばらもいつかはしおれる）キリスト教では、白いバラは清純無垢《むく》を表し、赤いバラはキリストの血と解され殉教を意味する。**rose** は愛情のしるしでもある。バレンタインの日（Valentine's Day）にはロンドンの街中でバラを持った男女を多くみかける。

二つの島国において、それぞれ重要な花である桜とバラはどんな点が異なるのだろう。少なくとも三つの点で異なる。一つは花の咲く期間だ。桜の花が咲いているのはたったの二週間あまりだ。これをもって日本人は散り際の潔さを好むと、私はいわない。これに対して、バラの花期は長い。同じ木でも数か月間は花を楽しむことができる。もう一つは、その香りにある。バラの花は華麗で香りも非常によい。ただし、日本で植えるとその芳香は消えるといわれる。桜の花はほとんど香りはない。そして、バラにはとげがある。Every rose has its thorn. という表現がある。

桜とバラの楽しみ方は異なる。日本では桜の木を庭に植えることはあまりない。イギリスでは多くの家の庭にバラの木が見られる。バラはイギリス人の生活に密着した植物だが、すべての英国の家がバラを植えているというのではない。

日本ではたいていグループで桜を楽しむ。ちょうど四月は新しい学生や社員が入ってくる季節でもあり、集団で花見に行く。そのため、乱痴気騒ぎになってしまう。イギリス人がバラを楽しむのとはかなり趣が異なる。

イギリスの桜

3

花を見て怒る人はいない

ワーズワースのラッパスイセンの英詩は昔の高校用の教科書に出ていた。英語教育が、イギリスやアメリカの文化を伝える科目としてとらえられていた良き時代の証《あか》しだ。しかし、いろいろな花があるなかで、なぜラッパスイセンなのかがわからなかった。一年イギリスに住んでわかった。これはイギリスの春を告げる花である。私の観察した限りではサフラン（saffron）のほうが早かったが、サフランよりもラッパスイセンのほうが春にふさわしい。ラッパ形の黄色い花を咲かせる daffodil は、イギリスの田園を彩り春の到来を告げる。公園や家の庭などにも群れて咲くが、よく花壇の縁取りとしても栽培される。

violet は、日本のスミレと同じように、春の訪れを告げる可憐な花として愛されている。キリスト教では一般的に謙譲を表す。また、隠れた徳や美も表す。

lilac は春や初恋の象徴だが、縁起が悪いとされるので病気見舞いには持って行かない。日本ではフランス語の lilas から「リラ」と呼ばれることもある。少し前までは、ライラックよりもリラという語のほうがよく用いられていたので、歌謡曲の曲名にも使われた。

daisy はイギリスの春に見られる最もふつうの野生の花で、素朴な美しさで知られる。純真無垢の象徴である。日本の園芸種とは形も色も異なる。語源は day's（=sun's）eye で、太陽が昇ると花弁を開き太陽が沈むと閉じることによる。花びらをむしりながら He loves me. He loves me not. He loves me more than earth or heaven. とつぶやき恋占いをする。

花のもつ印象や連想は文化によって異なる。日本人で想像がつく場合もあるが、なかなか想像できないものもある。pansy は子供に愛される陽気な花だ。元来は乳白色だったが、キューピットの矢がささり、愛の傷跡が紫に変わったとされる。もとはフランス語の penser（=think）なので、花言葉は「愛する思い」だ。

フランスの国花は何かおわかりですか。白ゆり。lily の種類は多く色も単一でないが、白ゆりがゆりの代表だ。キリスト教では特に愛される花で、純潔・潔白・貞節の象徴である。復活祭だけでなく結婚式や葬式に白ゆりを飾る。

dahlia の花言葉は「変わりやすさ、移り気」だが、赤いダリアは情熱を表す。英米では、dahlia は中流階級の生活と品位を象徴するものとされる。dahlia はスウェーデンの植物学者 Dahl にちなんでつけられた。

tulip といえばオランダを思い起こすが、もともとはトルコに咲く野生の花だった。トルコ語の tülbend で、花の形が頭に巻くターバンに似ているところから命名された。

4

花から草へ話は続きます。

私は中学の二年ころに英語でこの神話を読んだ。それは私が今まで知らなかった西欧世界だった。そして、私は英語や英米文学の世界へ入っていった。

恋人二人が河畔を歩いていて、水辺に咲く可憐な花を見つけた。男は女のために、その花をつみに降りたが、川に落ちてしまった。流れにさらわれながら花を女に投げ Forget me not. と叫んだ。忘れな草は、真実の愛や貞節を表す。

文化や国によって珍重される花もちがう。camellia はもろく短命な美を、また匂いがないので純粋な愛を表す。ところが、日本の武士たちにはとても嫌われた。椿《つばき》は花全体がぽとりと落ちるので、その姿が武士の首が落とされる姿を連想させるからだ。

dandelion は、その葉がライオンの歯に似ているので dent de lion とフランス語で呼ばれたことに由来する。たんぽぽは daisy（ひなぎく）とともに恋占いに用いられる。日本人には野山に咲く明るく可憐な草花とみなされているが、英米では芝生の大敵として嫌われている。

chrysanthemum は西欧というよりも東洋の花である。その語源は「黄金の花」を意味するギリシャ語で、豊饒《ほうじょう》・富・神々《こうごう》しさを表す。バラが西洋を表すのに対して、菊は東洋を表す。菊は中国から日本に渡った。奈良時代にはまだ歌に詠まれていないが、平安時代には貴族は菊を盛んに和歌に詠み、歌をつけて贈り物とした。

花があれば、そこには草がある。しかし、日本の「草」は主として weed（雑草）の意味で、イメージが悪い。日本では草の繁殖力が強く雑草が多いからだ。これに対して、英語の grass は良いイメージを持つことが多い。気候が寒冷なヨーロッパでは柔らかい草が多く、雑草はあまりはびこらない。また、イギリス南西部の牧草地は、数十センチも掘れば石灰だという。野菜はほとんどとれない。草地はそのまま放牧場となり、刈り込めば芝生（lawn）になる。なお、Green grass grows after rain.（雨のあと緑の草が茂る）という表現がある。gr- が繰り返されるので、子音連結の練習には最適だ。これらの語が語源的にも関連あることは、多くのことを示唆している。

四葉のクローバーは幸運のしるしとされ、こう信じられている。One leaf for fame/ One leaf for wealth,/ One leaf for a faithful love, one leaf to bring glorious health,/ Are all in a four-leaf clover!（一枚は名誉、一枚は富、一枚は誠実な愛、一枚は輝く健康、これで四葉のクローバー）日本では「（シロ）ツメクサ」という。昔ヨーロッパから船荷を運ぶ際に、隙間にクローバーなどの干し草を詰めたため「詰草」と呼ばれたという。

5

豆で暮らす

日本食が世界中で栄養学的に高い評価を受けている。しかし、日本人の食生活は一向に改善されることなく、欧米化の波に押されている。それにしても、日本の栄養学には腹がたつ。戦後、欧米人のように逞《たくま》しい身体になるために、肉をどんどん食べるように教えられた。その結果がこの姿だ。昔の日本人のように、豆と野菜と魚を食べておけばいいのだ。

イギリスで有名なスーパーマーケット（supermarket）のセインズベリーには日本の食材が多く並んでいる。tofu も簡単に買える。十二年前に売られていた豆腐は食べられたものでなかったが、今のものは完全にパックされていても結構おいしい。tofu はほとんどのイギリス人が知っている日本語だが、この語以上に知られている日本食材がある。soy sauce だ。このソースが日本のものだということを知るイギリス人は多いだろう。しかし、soy が日本語語源の語彙であることを知る人は少ないと思う。それどころか、日本人でも知らない人が多くなっている。soy は「醤油」のことだ。この語は、オランダ語を通して十八世紀にイギリスに渡ったと思われる。ところが、この語がイギリス人によって使われるうちに意味が変わってしまった。

soy, soya は醤油の原料である「大豆」の意味で使われることが多くなった。soy bean は「大豆」、soya milk は「豆乳」、soya burger は「豆腐バーガー」。このため、英語文献には *shoyu*（soy sauce）という表現が見られる。これは日本料理の本などで「醤油」を英語で紹介するときに使われる。「醤油」を「醤油」で説明しているので、語源的には奇妙な話だ。

豆腐になったり味噌になったりしているのは、もちろん大豆だ。日本人は「豆」というと、丸くてころころしたものを思い浮かべる。英米人は bean という語で、平らな楕円形のものを思い浮かべる。アメリカ人の好む豆料理に（Boston）baked beans がある。豆に玉ねぎやベーコンや糖みつなどを加えて天火で焼いたものである。

「ジャックと豆の木」の話にあるように、西洋では豆の茎（beanstalk）は宇宙の木で、天国への階段を表す。ローマでは、万霊節（All Souls' Day）に豆を食べたり投げつけたりした。豆は再生・復活・活力を表すからである。日本の豆まきは邪気を払うための行事だ。穀物や果実には、邪気を払う霊力《れいりょく》があると考えられていたことによる。

昔から元気で生活することを「豆で暮らす」「豆に暮らす」という。豆は栄養価が高いので、このようなことばが生まれた。「大豆は畑の肉、されど害なし」だから、折り紙つきだ。私の妻の母はよく「まめかね」とか「まめにやっとるかね」ということばをあいさつに使う。

6 もっと根菜類を食べよう。

糖尿病になってわかったことの一つは、植物のどの部分が人間にとってよいかだ。一番よいのは葉で、次が根で、最後に実がくる。もちろん、摂取するときには生のほうが身体にずっとよい。植物の実はおいしいだけ糖も含まれるので避けるべきだが、お菓子に比べたらよい。ここでは、根っこを中心に話をしよう。

pumpkin といえば、十月三十一日の夜に行われるハローウィーン（Halloween）やパンプキン・パイ（pumpkin pie）パンプキン・スープ（pumpkin soup）を思い出す人が多いだろう。「かぼちゃ」は、十五世紀にカンボジアから日本へ渡来したので、その名となった。日本語では「かぼちゃに目鼻」といい、「丸顔で太っていて見苦しい顔」のたとえとして用いたりする。しかし、かぼちゃは栄養がある。「冬至にかぼちゃを食べるとかぜをひかない」一年で一番昼の短い冬至の日にかぼちゃを食べて柚子《ゆず》を入れたふろに入るとかぜをひかないと昔からいう。

日本語の「じゃがいも」は、江戸末期にオランダ船によってジャカトラ（現在のジャカルタ）から伝わった。ジャガイモは日本でもいろいろな料理に用いられるが、料理法はそれほど多くないように思われる。主食ではないからかもしれない。最近の若者が好きなジャガイモ料理がある。「肉ジャガ」は家庭的な料理の典型のように語られる。

英語のpotatoはスペイン語のpatataに、さらに南米インディアンのbatataに遡《さかのぼ》る。元来はさつまいも(sweet potato)を意味していた。ポテトはドイツ人だけでなくアメリカ人やイギリス人も実によく食べる。料理法はいろいろあるが、基本的なものはゆでたポテト(boiled potato)と焼きポテト(baked potato)だ。他に、つぶしポテト(mashed potato)ポテトフライ(fried potato)ポテトチップス(米potato chips)などがある。揚《あ》げたものは、イギリスではフィッシュ・アンド・チップス(fish and chips)としてよく食べる。二〇〇八年春、イギリスの小さなレストランではjacket potatoが四ポンド近くもした。皮ごと焼いたジャガイモにバターをのせただけのものが、なぜ八百円もするのだ。

こんがりと焼いたウィンナにマッシュトポテトを添えたものはイギリスの伝統的で基本的料理だ。私はこれをよくパブで、ビタービヤー(bitter (beer))を飲みながら食べた。私は日本ではマッシュポテトをほとんど食べたことがなかったが、イギリスにいるあいだに何度か食べた。それが意外に(失礼!)おいしい。十二年前に比べると、イギリスの料理は何もかもおいしくなったと思う。

7 ピーマン、ペッパー、ししとう

二〇〇八年八月末、私たちはロンドンで最古の薬草園(Chelsea Physic Garden)を訪れた。一六七三年の創立である。薬草が多いだけあって、あの漢方特有の臭いがする。かといって、そんな草木ばかりではない。私たちが日常目にする草花も多くある。それらも、もちろん薬効があるのだろう。一隅に、ピーマンが二十種類あまり置かれていた。ピーマンもあの苦味からして、薬として使われても不思議ではない。小さな園だったが、思った以上に来場者も多い。一時間近い英語の案内もよかった。gingko biloba「銀杏《いちょう》」の薬効について長い話を聞いた。日本でよく食べることをイギリス人たちに話した。楽しい一日を過ごすことができた。

日本語の「ピーマン」は「ペッパー」と同じ語源のことばだ。

昔の Chelsea Physic Garden

ただし、「ピーマン」はフランス語の piment から来たが、「ペッパー」は英語の pepper が入った。両者はまったく同じものをさす。日本のピーマンはかなり大きめのもので、甘い種類である。その細い小型の種類がシシトウと呼ばれる。「獅子唐辛子」を略したものだ。赤いものは赤トウガラシ。これも英語では（red）pepper という。このナス科トウガラシ属の植物とは別に、胡椒の木がある。こちらはコショウ科コショウ属の植物で、その実には強い香気と辛味《からみ》があるので、香辛料として古くから重宝されてきた。中世の西洋では、通貨の役を果したというくらい貴重なものである。それが胡椒（pepper）で、日本語でも「ペッパー」と呼んだりする。同じ pepper でも訳し方を変えたい。I bought some green peppers for the salad.（サラダ用にピーマンを買ってきた）This soup has too much pepper in it.（このスープにはペッパーが入りすぎている）

これらのものとは別にパプリカという野菜がある。ご存じのように色が鮮やかで、私はあまり好きでない。ところが、食べるとおいしい。この語はどこから来たのだろう。モンゴール系ハンガリー人の言語であるマジャール語のパプリカ（paprika）がそのまま入ったという。これは「赤いトウガラシ」の意味である。では、なぜマジャール語なのか。

そもそも胡椒はすべて南米や中米の熱帯地方が原産である。これをコロンブスが一四九三年にスペインに持ち帰り、それがヨーロッパに広まった。このピーマンが特に大切にされたのがハンガリーで、一大産地となった。そこでマジャール語が出てくるのだ。

8

野菜のやさしい話

糖尿病になって食事が変わった。ビールを飲まなくなった。ご飯の量が半分以下になった。そして、野菜サラダを毎日飽きるほど食べている。

onion は king of vegetables（野菜の王様）と呼ばれる。良い料理とはできるだけ多くの玉ねぎを使うことだとされている。甘みや香りを出すものとして、肉や魚の臭《くさ》み消しとして料理に広く使われる。皮が層になっていて一つの固まりをなす。onion は union と同じで、有機的統一体を表す。明治初年に日本へ移入された。根元が玉の形をしているので「玉ねぎ」と呼ばれる。

英米の leek は日本のねぎほど刺激的な臭いはないが、特有の香りがある。また、日本のねぎよりもかなり太く甘みがある。このため、リークはスープやシチューなどを煮込むときに必ず入れる。Lovers live by love as larks by leeks.（ひばりがにらねぎで生きているように恋人たちは愛によって生きる）という民間伝承がある。Lの音が五つもあっておもしろい。イギリスで、味噌汁の具に使えそうなねぎは baby leek, salad onion, spring onion と呼ばれるものである。

野菜のもう一つの代表格はキュウリだ。日本では生で食べたり漬け物にしたりするが、煮ることはほとんどない。小さいから丸ごと食べる人もいる。英米の cucumber は日本のものよりも大きく皮もかたい。アメリカ人が好む野菜の一つで、薄く切ってサラダやサンドイッチに入れたり、スープにしたり、いためたりする。英語には as cool as a cucumber（キュウリのように冷静だ）というおもしろい表現があり、冷ややかさや批判精神を表わす。日本語と英語ではイメージがかなり異なる。

英米の radish は日本の大根とはまったく異なる。形はむしろ日本のカブに似ているが、ずっと小さい。色は赤や赤紫がふつうで、中身は白い。辛《から》みがあり色もきれいなのでサラダに使うことが多い。このため、日本の「だいこん」は英語で a (big) white radish としなければならない。蛇足ながら、「だいこん足」は英語で a fat [thick] leg だ。

「なすび」は夏取れる野菜で「夏実《なつみ》」が変化したといわれている。アメリカの egg plant はずんぐりしていて卵の形に似ているので、この名がついた。イギリスでは aubergine という。食べ方は、日本も英米も同じようなもので、いためたり焼いたり煮たりする。私は焼きなすが好きだ。いためると油を吸って油っこくなるから、あまり好きでない。日本に関する英語文献を読んでいて、aubergine が出てきた。日本人は嫌いだというのだ。一部の英米人には、日本人が米ナスをあまり好きでないことは知れ渡っているようだ。

9 りんごの歌

赤いリンゴに口びるよせて　だまってみている　青い空。この歌は、あの大柄で無骨《ぶこつ》に見えるが実は繊細な男サトウ・ハチロウが、敗戦の二か月前に灯火管制下に作詞した。戦後最もよく歌われた歌謡曲の一つだ。戦後生まれの私たちにとっても「赤いりんご」は復興の象徴だった。そして、それは十歳前後の健康的で素朴な女の子の赤いほっぺを思い起こされる。そんな日本人にとって、りんごは赤でなければならない。黄色や青色のりんごでは戦後復興の期待は湧かない。

りんごといえば、島崎藤村の歌を思い浮かべる方もいるかもしれない。「まだあげ初めし前髪の　林檎のもとに見えしとき　前にさしたる花櫛の　花ある君と思ひけり／やさしく白き手をのべて　林檎をわれにあたへしは　薄紅の秋の実に　人こひ初めしはじめなり」白い手と赤いリンゴが対照的だ。

ところが、西洋人がイメージするりんごの色は red だけでなく green であることも少なくない。apple は健康や喜びや愛などを表す。An apple a day keeps the doctor away.（一日一個のりんごで医者いらず）ということわざがある。

なお、Adam's apple は「（特に男子の）のどぼとけ」をさす。これは次の話に由来する。エデンにいたアダムとイブが悪魔にそそのかされ、禁断の木の実（forbidden fruit）を食べた。アダムが食べ始めたところに神が現れ、アダムはあわてて飲み込もうとするが喉につまってしまった。これは apple のマイナスイメージだ。

日本でりんごはそのまま食べることが多いが、英米では煮たり焼いたりする。cooking apple と称して、少し大きめの甘みの少ないものがある。りんごからいろいろなものが作られる。私がアメリカへ初めて行ったときに知ったものに、アップルソース（apple sauce）がある。単にりんごに少しお砂糖を入れ煮詰めただけのものである。そのまま食べたり、他の料理に利用したりする。イギリスでは roast pork に添える。私が最も好きなアップルパイ（apple pie）もある。アメリカにはいろいろなパイがあるが、そのなかでもっともアメリカ的なものがアップルパイだ。アップルパイは、アメリカ人にとっては愛国心の象徴でもある。as American as apple pie（きわめてアメリカ的な）という表現があるほどだ。

イギリスでは apple は皮をむかずにそのまま食べる。学校などで昼食代わりに、若い女性もまるかじりする。そのためだと思われるが、ここのりんごは小ぶりでそのまま食べやすい。見た目はそれほどよくないが、結構おいしい。

10

籠いっぱいの果物

初めてのキッスは「レモンのキッス」だ。さわやかで甘酸っぱいイメージのあるレモンが、英米人にはつまらない人（物）・いやな人・無責任な人・欠陥品・不毛など良くない連想が多い。She is a lemon. は魅力のない女性のことだ。

反対に「すてきな人（物）」には peach が用いられる。peach は花が美しいことから、そのイメージはきわめて良く「きれいでかわいい少女」も表す。日本の「もも」は、桃色やピンク本を連想させる。日本語の「ピンク」には卑わいなイメージがある。「ピンク映画」は英語では blue film [movie] という。これに対して、英語の pink は若さや活力や健康などプラスのイメージが強い。He is in the pink (of health).（とても元気だ）Her cheeks are pink with health.（彼女のほっぺはピンク色で健康そのものだ）という表現はよく使われる。

plum は小さい桃のような果実で、酸味の強いところから日本では「すもも」と呼ばれる。plum は生でも食べられるが、乾燥させてプルーン（prune）にすることが多い。くだけた英語では plum はとてもすばらしいもの、特に給料のよい職業をさす。He's got a plum job in advertising.（彼は広告関係のいい職についた）

日本のなしは堅くてざくざくしているが、西洋なし（pear）は柔らかく舌ざわりがない。ロンドンに住んでconferenceという品種があることを知った。英米では、西洋なしは幸運な（lucky）果物とされる。なしは豊かな実をつけるが、貧しい土壌のもとで育つからだろう。反対に不運な（unlucky）果物は、禁断の果実りんごだ。このイメージは日本人とは逆のようだ。

歌舞伎役者の妻は、「梨園」の妻ともてはやされる。これは中国の故事に由来する。唐の玄宗は音楽や舞踊を好んで、自ら舞楽を教えた。その皇帝が練習したり訓練をさせたりする園にたくさんの梨を植えたことによる。音楽や舞踏を学ぶ者を「梨園の弟子」といい、転じて、その世界をさすようになった。日本では、演劇のなかでも特に歌舞伎の世界をさすことが多い。

日本の「すいか」は球形で、外はほとんど黒いしま模様だ。アメリカやロシアのwatermelonはラグビーボールのような形でしまのないものが多い。大きさは日本のものより大きい。アメリカでは、ヨーグルトをかけて食べることもある。ロンドンのスーパー（supermarket）では、しまの小玉すいかしかなかった。

11

お城では、ケーキをいただきますか、それともカステラにしますか。

cakeは『袖珍辞書』では「円形ノ餅類ノ総名」と記され、『英和字彙』では「乾糕《クワシ》、餻類《モチルイ》ノ総名《ソウミヤウ》、円形《マルガタ》ノ物《モノ》」と説明されている。この記述を見ると、ケーキは丸い物をさすと思う。今でも英米人のcakeのイメージは「丸い」ようだ。そこで、語源を調べると、cakeは古くスカンジナビア半島から来た語で「平たい物」というのが原義である。

「ケーキ」という日本語が使われるようになったのは明治の末ころだろう。しかし、ケーキといっても、いろいろある。ウェディングケーキ（wedding cake）、バースデーケーキ（birthday cake）、クリスマスケーキ（Christmas cake）、フルーツケーキ（fruitcake）など。ただし、デコレーションケーキは英語にない。fancy cakeといわなければならない。なお、バースデーケーキには、誕生日を迎える子の名前を砂糖などで書き、年齢の数だけろうそくを立て、吹き消す。吹き消すことによって過去をぬぐい去り、新たな出発を誓うのだ。もちろん、将来の幸せを祈る（Make a wish.）ほうが中心だ。

また、日本にはホットケーキというものがある。hot cakeは正しい英語だが、「温かいケーキ」

の意味にすぎない。ホットケーキを正しい英語で表現するには、ふつうpan cakeという。日本にはケーキよりもずっと以前に入った西洋のお菓子がある。カステラだ。日本語のカステラはスペインの地名に由来するが、ポルトガル語のpão de Castella（カステラ地方のパン）から入ったことばだ。ところが、カステラを英語でいうとsponge cakeとなる。

では、ポルトガル語のCastellaはもともとどんな意味かというと、お城のことだ。カステラ地方には、いくつかのお城があったことによる。英語のcastleと語源が同じだ。日本でも英米でも、城は侵略を受けない場所の意味がある。また、castleには、悪人の住みか、宝や秘密の知識が隠されている場所という意味もある。

この話を大学の授業でしたら、一人の学生が友達の就職試験での逸話を話してくれた。問題のなかにcastleの意味を問うものがあった。そのおバカな学生は「キャッスル」の意味がわからず、よく似ているというので「カステラ」と解答したというのだ。その学生の答えはあながち間違いではなかったことになる。これは作ったような話だが、本当の話だ。

イギリスの城（ウィンザー城）

12

ビスケットは西洋文化への入り口

ポルトガル人やスペイン人が一六〇〇年より少し前に日本に来て、西洋のいろいろなものを伝えた。お菓子もたくさん日本に入った。南蛮渡りの洋菓子である。江戸時代の呼び方で、カステイラ、ボウル、カルメイラ、アルヘイ糖、コンペイ糖、ショコラート、マルメラーデ、ビスコイトなど。

ビスコイトは、現在「ビスケット」と呼ばれる。英語の biscuit はフランス語から十六世紀に入った。その語源は「二度焼かれた」。bis が表と裏で二度だ。bi は二つの意味で、bicycle, biweekly（隔週の）などの語に使われている。

ビスケットは、アメリカとイギリスでは別物だ。イギリスの biscuit は日本でいうビスケットと同じだが、アメリカの biscuit は小型の柔らかいパンのことだ。アメリカでは cookie または cracker が日本語のビスケットにあたる。では、日本語のビスケットとクッキーはどうちがうかというと、なかなかうまく説明できない。ある辞書によると、ビスケットは「一定の形に焼いた」というところがみそかもしれない。また、ビスケットは「脂肪を多くしたクッキーなども広く含める」と書かれている。

二〇〇八年九月、どうしても行きたかったスコットランドを訪れた。そこでおいしいお菓子に出会った。ショートブレッド（shortbread）だ。スコットランドのお菓子だが、日本では英国フェアーなどの場でウォーカー社の赤いタータンチェックのパッケージのものをよく見かける。ただし、なぜか私はこれを食べたことがなかった。バターをたっぷり使った、ほろほろとしたビスケットで、実においしい。これをミルクティーといっしょに食べたら、それだけで幸せな気持ちになれる。内緒の話だが、ダッチーオリジナルのものが一番おいしい。

私たちの世代は、戦後、不二家のビスケットを食べて育った。それまでおやつといえば、あられなどお米で作ったお菓子だった。小麦粉で作ったお菓子を食べ、いつの間にか西洋の文化に親しみ、いつかアメリカに行ってやるぞと思った。この小麦から作った粉を、日本人は「メリケン粉」と呼んだ。「メリケン」とはAmericanの頭の母音がなくなったものである。アメリカで作られた小麦粉だ。

小麦粉は英語でflourという。もともとは「最良の部分」の意味で、フランス語から入った。この古フランス語のflourから十三世紀に生まれた英語がある。flowerだ。また、floral（花の）が語源的に同じだというのは明白だ。さらに、flourishは「花開く」から「繁茂する、繁栄する」の意味となった。お菓子の話から花の話になってしまった。

13

スコーンでお茶にしましょう。

アフタヌーンティーにはビスケットもいいが、私はスコーン（scone）のほうが好きだ。イギリスに行く前はスコーンを食べたことがほとんどなかった。あのパサパサのお菓子のおいしさがよくわからなかった。しかし、イギリスで食べるスコーンはおいしい。スコーンにもいろいろなものがある。上に少しチーズがのったものは、温めて食べると実にうまい。スコーンにはミルクティーがあう。スコーンを口のなかでムニャムニャさせながらミルクの入った紅茶を飲むのは至福の一時だ。紅茶の品質を競う会でも、ミルクを入れて試飲しているから、ミルクティーが基本である。ミルクティーをおいしく飲むこつは、少し濃いくらいに紅茶を入れることだ。

英語の tea は紅茶だ。「緑茶」（green tea）と区別するときだけ black tea という。日本語では入れた液体の色から「紅茶」というが、英語では葉の色から green tea, black tea という。なお、「レモンティー」や「ミルクティー」は和製英語で、正しくは tea with (a slice of) lemon や tea with milk という。ただし、イギリスではレモンティー（Russian tea という）はほとんど見かけない。

green tea with lemon（レモンの香りの緑茶）iced tea with lemon（レモンを添えたアイスティー）のほうが一般的かもしれない。

イギリスの家庭では、ふつうお客様に紅茶を出す。ミルクや砂糖はその人次第だ。午後のtea は英国人にとって軽い食事である。紅茶の他に、必ずバターつきパン、マッフィン（muffin）、ケーキなどがつく。午後の四時から五時にとるので afternoon tea または five o'clock tea といわれる。high tea は五～六時頃にとるもので、肉料理が出るので夕食といってもよい。

日本の「おやつ」はもともと「お八つ」で時刻を表わす。現代の午前二時と午後二時にあたる。午後二時ころに、一休みしてお茶などを飲むところからこの命名となった。

おいしい紅茶は、すてきなカップと皿で飲みたい。cup and saucer と対で使う。ウェッジウッドもいいが、日本のノリタケの白いカップもすばらしい。saucer はコーヒーや紅茶のカップの受け皿をさす。この皿は単なる飾りではない。英米では、受け皿にこぼれた飲み物をカップにもどしたり、受け皿から飲むこともある。また、さますために受け皿に熱い紅茶などをわけて飲む人もいる。ただし、十二年前にはこんな光景も見かけたが、今はほとんど見かけない。日本でこんなことをしたら下品だと思われるだけだ。

14

プリンと pudding

若いころプリンなどほとんど食べたことがなかった。時折食べたが、「プリン」とは別に pudding という食べ物が存在すると私は思っていた。どうしても「プリン」と pudding が頭のなかで結びつかなかった。

英語音声学を学ぶようになり、d と r の音が同じように歯茎の位置で作られる音だと学んだ。調音が同じ位置なので移行しやすい。日本語の「プリン」は英語の pudding の発音がなまったものだ。

しかし、日本人の食べるプリンと、英米の小説で出てくる pudding は別物だった。プリンは、卵・牛乳・砂糖・香料を混ぜて焼いたものである。これは英語では custard (pudding) という。pudding はイギリスで生まれた料理で、蒸し料理の総称だった。それが十二世紀ころからオーブンで焼くようになった。今の pudding は小麦粉などに牛乳・卵・果実・にんにくなどを入れ加熱調理したものでデザート (dessert) の一種だ。甘いものから甘くないものまで多くの種類がある。イギリスでは Yorkshire pudding が有名で、しばしばローストビーフ (roast beef) の付け合わせにされる。Yorkshire pudding はシュークリーム（cream puff）の皮のようなもので、それだけ食べてもおいしくない。

だから、日本人もイギリス人もそれぞれ相手の国に行って、レストランで「プリン」や pudding を注文するときは要注意だ。実際、日本に来たイギリス人が注文したものとまったくちがったものが出てきてびっくりしたという話を聞いた。

人間が少しだけ賢くなって、聞いた音をそのまま片仮名書きすることはなくなった。Hepburn はあの細身で可憐な女優の名だが、日本人は「ヘップバーン」と呼んでいる。ところが、百年以上前の同じ名前の人物を私たちは「ヘボン」（漢字では平文と書く）と呼んでいる。ヘボン式のローマ字表記として広く知られている。その人物の名は James Curtis Hepburn だ。

しかし、「ヘボン」も「プリン」も、むしろ原語の音に近いのは皮肉なことだ。特に、頭の「へ」や「プ」をかなり強く読むと確実に英語らしい発音になる。類似の現象が、戦後アメリカ軍人が日本からアメリカ本土に持ち込んだ日本語にも起きている。hootie（hoochie, hootch），honcho（hancho），mousee（mousmee, mus）など。これらは日本語だが、何のことだかわからない。日本人が発する音を、米兵が聞こえるままに英語にしたものである。その答えは拙著『英語になった日本語』を見ていただきたい。

15

紅茶、女の世界

イギリス人は紅茶をよく飲むが、少し前はコーヒーを飲んでいた。十七世紀中頃にコーヒーハウス（coffee house OEDでは一六一五年初出）が出現し、たちまちロンドンで流行した。その世紀の後半にはロンドンだけで二千五百もの店があったという。そこは男たちの社交の場であり情報交換の場だった。政治・経済だけでなく文学についても意見が交わされた。文人たちの集まる店もできた。そんな場は、十八世紀ジャーナリズム誕生の象徴である。

coffee はエチオピア南西部の Kaffa 原産の植物の豆から抽出した飲み物だ。この語はいろいろな国を渡り歩いた。アラビア語から始まり、トルコ語を経て、イタリア語に至り、さらに英語に達した。日本語の「コーヒー」はオランダ語から入ったので、英語の coffee と発音が少しちがう。また、コーヒー店という意味での「カフェー」はフランス語から来た。

コーヒーが隆盛をきわめていたころ、アン女王が毎朝紅茶を飲んでいるという噂がロンドン市民のあいだに広まり、女性はこぞって紅茶を買い求めた。これに目をつけたトワイニング（Twinings）は女性が入れる紅茶専門店を一七一七年に開いた。tea house（一六八九年初出）、tea room（一七〇二年）、tea garden（一八〇二年）と呼ばれた。当時、紅茶は大変な高級品だったが、関税も引き下げられ一般大衆にまで広まり、男性も飲むようになった。これによって、女性文化だった紅茶が男性文化だったコーヒーを生活の片隅にまで追いやってしまった。この歴史は実におもしろい。

ちょっと格好つけた女性はフォーチュナム・メイソンの紅茶が好きというかもしれないが、紅茶の老舗《しにせ》はトワイニングだ。私が住んでいたフラッとの大家も「これはいいお茶ですよ」と誇らしげにトワイニングの紅茶を入れてくれた。

トワイニングのお店

十八世紀を代表するイギリスの文人はジョンソン博士だ。ところが、博士は酒を飲みすぎ健康を害し、コーヒーではなく紅茶を飲んでいたという。彼は、文人たちの集まりの中心的存在だったが、一人だけ紅茶をがぶ飲みしていたのだろうか。一日に十数杯も飲んだといわれるが、彼が飲んでいたカップは何と中国製の小ぶりのものである。それがロンドンのジョンソンハウスに展示されていたが、日本の小さな湯呑茶碗くらいの大きさだから、十数杯飲んだといっても驚くほどではない。そういえば、トワイニングの本店のすぐ前に、ジョンソン像があった。何かの因縁かもしれない。

16

コーヒーミルが欲しい

アメリカ人はコーヒーをよく飲むが、日本のように濃くない。これを日本人は「アメリカンコーヒー」という。しかし、この表現はアメリカでは意味をなさない。飲み方は black（coffee）（砂糖など何も入れない）coffee with cream, coffee with sugar, coffee with cream and sugar がある。また white といって、cream の代わりに fresh milk（牛乳）を入れて飲むこともある。

ハワイへ行くと、有名なコーヒーがある。コナ・コーヒーだ。ハワイ島のコナ地方がコーヒー豆の栽培に最適だという。ハワイへ行ったことのある人には知られているが、一般的にはそれほど有名でない。私も買って飲んだが、おいしかった。このコーヒーも、かつてはハワイに移住した日本人が汗と血を流して栽培したにちがいない。本当のハワイを見たければ、オアフ島ではなくハワイ島に行かなければならない。

日本の「喫茶店」は、人と会ってコーヒーなどを飲みながら話をする場所だ。アメリカの coffee shop は何かを飲んだり食べたりする軽食堂。しかし、イギリスの coffee shop はコーヒー豆などを売る店をさすことが多い。しかし最近ではスターバックスなどを多く見かける。そこは Starbucks Coffee Shop だ。イギリス人は紅茶ばかり飲んでいると想像する人もいるかもしれないが、若者はむしろコーヒーを好んで飲む。大学のカフェテリア（cafeteria）では、ほとんどの学生がコーヒーだ。しかし、イギリス人が飲みながら話す場所は、やはりパブである。これはパブリックハウス（public house）の略。ビールをグラス一杯買い、それで一時間も二時間も話を楽しむ。大学にもビールを安く飲める場所が必ずある。

イギリス滞在中に、あのコーヒーハウスが華やかなりしころのコーヒーミルを手に入れようとした。日本ではいつの時代からかコーヒーミルと呼んでいるが、英語では coffee mill とも coffee grinder ともいう。これで挽《ひ》いたばかりのコーヒーが freshly ground coffee になる。ポートベローなどのフリーマーケット（フリーは flea「蚤」だから注意）で一年間捜し回ったが見つからない。最近は、インターネットを使ってのオークションで探しているが、十九世紀のものはあるが十八世紀のものはない。

多少関連があるので、「ミキサー」についてもここで取り上げたい。日本では果物や野菜をくだいてジュースを作る機械を「ミキサー」と呼んでいるが、英語では blender とか liquidiser（英）とかいう。英語の mixer は混ぜ合わせる機械や人をさす一般的な語で、他の語について用いられることが多い。a food mixer, a cement mixer（セメントミキサー）a concrete mixer（コンクリートミキサー）など。

17

ジュースにしますか、サイダーにしますか。

ジュースもサイダーも日本人にはなじみのある飲み物である。しかし、その中身は、イギリス、アメリカ、日本で少しずつちがうから厄介だ。英語の juice は、果物などからしぼった百パーセントの果汁だ。だから、アメリカで orange juice といえば、オレンジをそのまましぼったものである。

オレンジが数十パーセントしか入っていないものは orange [fruit] drink と呼ばれる。イギリスでは orange squash ともいう。日本語の「ジュース」には清涼飲料も含まれる。清涼飲料は soft drink という。「ジュース＝juice＋soft drink」と表すことができる。

英語の cider は、アメリカでは発酵していないりんごジュース (apple cider) を表す。これに対して、発酵したりんご酒は hard cider と呼ばれる。イギリスでは cider は発酵したりんご酒をさす。人気があり多くの種類が売られている。ロンドンで飲んだ cider はビールのような色で泡もでる。ビールのような苦味はなくわずかにりんごの甘さがあるが、アルコール度はビールと同じくらいだ。アルコール度が五〜七もあるものは dry cider と呼ばれる。

日本語の「サイダー」はりんご酒をまねた炭酸の清涼飲料で、英語ではsoft drink, soda（water）, （soda）pop という。

日本には「ラムネ」もある。ラムネは口にガラス玉をはめたビンに詰める。ペリーが浦賀に来航した際に、幕府役人に飲ませたのが最初だという。「ラムネ」という語が使われるようになったのは明治三十三年ころからで、「ラムネ」という語はレモネードのなまったものだそうだ。

この飲み物は、日本とアメリカとイギリスで呼び方が異なる。

日本	アメリカ	イギリス
レモネード（レモン水）	lemonade	lemon squash
レモンスカッシュ（炭酸飲料）	lemon soda, lemon-lime	lemonade

なお、「ラムネ」は、『広辞苑』によると、月賦（ゲップ）の隠語だというからおもしろい。

18

夏はやっぱり、ビヤガーデンで冷たいビールだ。

alcohol はもともとアラビア語の alkuhl（婦人がまぶたを黒くするのに用いたもの）だったが、ヨーロッパに入って意味が変わってしまった。日本語の「アルコール」は、英語からではなくオランダ語から入った外来語である。私は数年前から糖尿病だが、女房には内緒で毎日ビールを飲んでいた。手足にしびれを感じ、専門医にかかった。その医者がいうに、ビールとワインはだめだがウィスキーと焼酎はよい。蒸留酒など飲みたくない。私が飲みたいのはビールだ。「ビール」もオランダから来た語である。英語の beer は、授業でも「ビヤ」と発音しているだろう。「ビール」と「ビヤ」が日本語には共存している。ビール瓶、ビール工房、ビール酵母、ビヤガーデン、ビヤホール（米 beer hall, 英 beer-house）、ビヤ樽。

アメリカは世界一のビール生産国で、苦味が少ない軽いものがほとんどだ。冷やして飲むことが多い。日本でもかなり冷やして飲む。ところが、イギリスではビールを冷やさず飲むことがある。何と warm beer という表現がある。摂氏十から十四度の温度で保存する。この温度で飲むのが香りやコクがあるというのだ。また、イギリスで暑いのは八月だけだ。そんな気候だから、冷やす必要などない。もう一つ大事な点は、日本人がビールと称しているもの（lager beer）は、イギリス人がbeerと考えているもののほんの一部に過ぎない。多種多様なビールがイギリスには存在する。あまり冷やさないほうがおいしいものもある。

grapeは欧米人にはきわめて重要な意味がある。イエスが自らをぶどうの木にたとえたことから、ワインは人間の罪をあがなって流されたキリストの血の象徴とされる。キリストの肉を象徴するパンとともに教会の儀式に用いられる。赤ワイン（red wine）は色の濃いぶどうを発酵させたもので肉料理とともに飲む。白ワイン（white wine）は色のうすいぶどうをプレスしてとった果汁を発酵させたもので魚や鳥肉とともに飲む。ローゼ（rosé）という薄バラ色の種類もある。ワインは古いほど味が円熟した良酒とされる。英語にはOld friends and old wine are best.ということわざがある。これに対抗して、日本には「梅干しと友達は古いほどよい」ということばがある。梅干しだって、百年ものがあるから驚きだ。

日本人は、葡萄の木を家のなかに植えるのを嫌う。藤などと同様、「成り下がる」と考えるからだ。成り下がり者は「卯建《うだつ》の上がらぬ」人間だ。卯建とは、屋根の両端を一段高くして火災の類焼を防ぐための防火壁のことだ。なぜか「卯建の上がらぬ」という否定的表現だけが生き残り、「卯建が上がる」という表現はふつう使わない。それを逆手にとって、岐阜県美濃市は「卯建の上がる町」として売り出している。

19

スープは飲むのですか、食べるのですか。

日本語の「飲む」は液体で、「食べる」は固体だと決めつけている人たちがいる。例外的とはいえ、「たばこをのむ」という表現もある。では、英語の drink と eat はどうだろう。ここでよく問題となるのは drink soup か eat soup かである。これについては、英語教師がよく取り上げているようで、多くの学生が eat soup と答える。だいたい話はここまでだ。

実はどちらの表現も可能だ。問題は drink と eat のちがいにある。drink は、カップやコップなどの容器から液体を直接口に入れることをいう。このため「スープを（カップから）飲む」は drink [sip] soup という。これは一般的なスープのいただき方ではない。「スープを（スプーンを使って）飲む」場合には、英語では eat [have/ take] soup といわなければならない。すなわち、eat はフォークやナイフやスプーンを使ってお皿からいただく場合に用いる語である。

soup とは、肉・魚・野菜などをゆでたりとろ火で煮たりして作った液体の食べ物だ。「肉湯」と漢字で表記されたりしているが、明治以前には「ソップ」と呼ばれていた。オランダ語の soep から来ている。これは大正時代まで使われ、昭和になって英語から入った「スープ」に取って代わられた。その名残で『広辞苑』には今でも「ソップ」が掲載されている。日本では、うすいものを「(コンソメ)スープ」と呼び、濃いものを「ポタージュ」といって区別している。しかし、フランス語のpotageは、本来スープの総称である。

似たものにクラム・チャウダーもある。貝と塩漬豚肉・じゃがいも・たまねぎなどを牛乳で煮込んだものがクラム・チャウダー(clam chowder)だ。clamは英語で二枚貝の総称だが、日本では一般的にハマグリと呼んでいる。お吸い物に入れたり、酒蒸しにしたり、焼きはまぐりにしたりする。英米では、貝は生で食べたり、フライにしたり、蒸してバターで食べたりする。

では、日本語でスープ、ポタージュ、クラム・チャウダー、シチュー(stew)は食べるのか飲むのか。なかなか難しい。スープは「飲む」というのがふつうだろう。シチューは「食べる」のがふつうだろう。まんなかの二つは微妙で、人や出てくる料理の内容によって表現が異なる可能性がある。一体何が問題なんだろう。液体のとろみや、液体のなかにどれだけ固形物が入っているかで決まりそうだ。

こんなことを考えていたら、おいしいクラム・チャウダーもさめてしまう。さあ、ゆっくりいただきましょう。

20

主食はパンですか、お米ですか。

今ではパンは脇役だが、かつては主役だった。earn [gain] one's bread（生計を立てる）の表現があることからも察せられる。bread はパンの総称だが、ふつうは食パンをさす。ハンバーガー用のパンは bun といい、ホットドッグ（hot dog）用のパンは roll と呼ぶ。

日本語の「パン」はポルトガル語の pão から入ったことばである。ちなみに、「パンを一緒に食べる人」を英語で company, companion という。ここから日本の大学生が作った語が「コンパ」だ。最近の学生は政治嫌いだから、コンパはやってもカンパはしない。「カンパ」ということばさえ知らない。「カンパ」はロシア語の kampaniia（戦場、闘争）を短くした語で、かつての左翼運動家が作ったことばだ。これは英語の campaign（戦役、社会的運動、選挙戦）と語源が同じだ。この語のもとはラテン語の campus（広い野原）だ。大学生の集う「キャンパス」に戻ってしまった。このラテン語は地名にもなっている。フランスの「シャンパーニュ」地方とイタリアの「カンパーニァ」地方。もちろん、フランスのその地域はシャンパーンの産地だ。

ポルトガルやフランスは、ヨーロッパの南に位置する。それらの国々の言語をまとめてラテン系言語と呼ぶ。これに対して北のほうがゲルマン系である。英語の語彙は、この二つの語系の語が入り交じっている。それはイギリス人のブリテン島にヨーロッパ本土から多くの民族が侵入し、そこに住み着いたことによる。ゲルマン系言語では「パン」ではなく「ブレッド」だ。英語ではbread、ドイツ語はBrot、オランダ語はbroodとなる。

ロンドンで一年間パンばかり食べて、わかったことがある。パンは日本人のようにそれだけで食べるものではない。基本的にサンドイッチのようにして食べる。パンが甘いとサンドイッチはおいしくない。ベーグル（bagel）も同じだ。アメリカで初めて食べたときには、こんなまずいパンはないと思った。それは誤りで、いろいろなものをはさんで食べると実においしいこくがある。

欧米では麦が最も重要な穀物だ。wheatは麦の中で最も多く栽培される品種だ。アメリカでは、春に種をまいて夏に刈り取るもの（spring wheat）と秋にまいて翌年の春に取り入れるもの（winter wheat）がある。米は日本人の主食であり食文化の中心だ。riceに当たる日本語は多い。「もみ」「稲」「米」「ご飯」「ライス」は、すべて英語でriceだ。日本では、炊《た》くか蒸すかの方法で料理してそのまま食べる。このため、ねばりのある米が好まれる。これは英語でboiled riceと呼ぶ。英米では、オリーブやバターや油などを入れた炊き込みご飯やピラフのようにして食べるので、米はぱさぱさのものが好まれる。これは英語でfried riceという。

21 一日三食

日本語の「朝食」は朝とる食事の意味にすぎないが、英語のbreakfastはfast（宗教的なしきたりとしての断食）をbreak（破る）の意味だった。つまり、夜中絶食していたのを断《た》って朝に食べるという宗教的意味があった。

イギリスの作家モームは「イギリスでおいしいものが食べたかったら、朝食を三回とればよい」といった。実際、イギリスのホテルの朝食は立派だ。オレンジジュースなどの飲み物があり、コーンフレーク（cornflakes）類のシリアル（cereal）に牛乳をかけて食べる。トーストやパンもある。卵料理にソーセージかベーコン、そしてトマト味の煮豆など。時には焼きマッシュルームや焼きトマトがつく。こんなにいろいろつくから、何度でも朝食を食べたいと思う。Breakfast Served All Day（「一日中モーニングあります」に近い）と記された看板をよくみかける。しかし、これはイギリス式の昼食や夕食がどれだけひどかったかの裏返しにすぎない。

日本人は朝食に生のたまごを食べる。これは英米人にとって恥ずべきことだ。何かの罰でいやいや食べさせられるのがraw [uncooked] eggsだ。英米では、ゆで卵（boiled egg）目玉焼き

（sunny-side up）いり卵（scrambled egg）おとし卵（poached egg）にしたり、ハムエッグ（ham and eggs）やベーコンエッグ（bacon and eggs）にしたりして食べる。しかし、イギリスでは卵が高くて、日本のように気軽には食べられない。

dinner とはコースにのっとって料理が出される食事。ふつう、スープ、サラダ、バターつきパン（bread and butter）、主料理、デザートの順に出される。主料理（main dish）は、肉や魚が中心である。「夕食をとる」という場合、take dinner とはあまりいわず、have dinner という。アメリカ英語では eat dinner ともいう。

dinner は『袖珍辞書』では「昼食」、『英和字彙』では「正飯《セイハン》、昼飯《ヒルメシ》、饗宴《フルマヒ》」となっている。江戸時代すでに朝昼晩の三食がふつうだったのに、なぜ「昼飯」となっているのだろう。そこで、lunch を『袖珍辞書』でみると「朝飯ト昼食ノ間ノ食事」で、supper が「夕食、夜食」だ。『英和字彙』では lunch は「小昼飯《コヂウハン》」で、supper は「晩饗《ヤシヨク》、晩飯《ユフメシ》」と記されている。明治維新前後の辞書を見ていると、そのころの lunch は、今ならさしずめ brunch と呼ぶものに近いかもしれない。日本人にとって主要な食事は「夕食」と決まっている。英米人の場合には必ずしも夜とは限らない。夜に dinner をとれば、昼は lunch である。昼に dinner をとる場合には、夜の食事は supper か時には tea と呼ばれる。なお、十八世紀のジョンソン辞書には dinner「主たる食事、一日のほぼまん中でとる食事」とある。

22

うなぎパイはどうですか。

私が留学していたエクセター市にはエックス川が流れていた。この川岸を散歩するのが好きだった。ここで釣りをする人を見かけた。何を釣っているのですか。eel と答えたので驚いた。この地方の研究者によると、この地域では昔から鰻をよく食べていたという。イギリスではテムズ川のうなぎが最高とされていた。欧米では皮をむいて料理する、日本ではかば焼きにする。

浜松にはうなぎパイというお菓子がある。これがおいしい。本当に鰻が入っているのかと思うが、入っている。ただし、一度粉末にするので、その味はあまりしない。このうなぎパイをぜひロンドンで食べてみたい。聞くところによると、イギリスでは、パイ生地《きじ》に鰻をぶつ切りにして入れ焼き上げる。これにマッシュ・ポテト（mashed potato）をそえパセリの緑色ソースをかけると、伝統的なパイ・アンド・マッシュ（pie and mash）ができる。

ロンドンブリッジの駅から二十分ほど歩いたところに、私のめざす M. Manze のお店はあった。日本でいう大衆食堂といった趣きだ。カウンターで注文をして、自分で料理を運ぶ。お店の袋には Superior Hot Stewed Eels とある。カウンターで eels and mash と jellied eels を注文した。

ほぼ四ポンドと三ポンドで手頃な値段である。しかし、出てきた料理にパイがついていない。そこで、問いただすと、逆に怒られた。お前はパイを注文しなかっただろうというのだ。この店ではパイは別物でミートパイ（meat pie）になっている。さて、念願のロンドンのうなぎである。ぶつ切りにした鰻にパセリの緑色ソースがかかっていて、それにマッシュが添えてある。私はさらにそれにパイをつけた。鰻を口に入れるが臭みはない。しかし、さほどおいしくない。それよりも鰻にはかなりかたい骨があるので食べにくい。鰻ゼリーも食べたが、そのままでは食べられなかった。お酢をかけたら多少は食べられようになった。結局、この食堂で一番おいしかったのはマッシュだった。

十八世紀には eel は貧しい人々の重要な栄養源であったという。その後、うなぎの人気は衰えた。このお店の雰囲気や料理の内容はまさにそのようなものである。庶民の食べる料理にそれほど手をかけることはできない。そうしたら、値段も高くなってしまう。食事にくる人たちも、飲み物などほとんど注文せず、食べ終わるとさっさと店をあとにする。

ここで鰻とパイを食べたあと、私はつくづく思った。我々はすばらしい食文化を有する国に生きている。鰻の蒲《かば》焼きのような文化をつくりあげた。骨をとり、かたい皮は十分に焼きそれを楽しむ。考えてみたら、絶品だ。この十年、イギリスの食事は随分おいしくなった。イギリスの料理はまずいなどと誰にもいわせない。しかし、日本の食文化には勝てない。

23

たら腹食べてはいけません。

cod は小骨が少ないので切り身としてよく利用される。イギリス人が最もよく食べる魚だろう。fish and chips という食べ物があるからだ。fish and chips とは、タラなどの魚にころもをつけ揚げ、細長く切ったジャガイモの空揚げ（chips）を盛り合わせたもので、イギリス庶民が最も愛する料理の一つだ。揚げる魚はタラ（cod, haddock）とは限らない。他にヒラメ（sole, plaice）や時にはサバ（mackerel）なども使う。揚げたてのものは本当においしい。おいしいので「たら腹」食べて、一か月の短期留学中にかなり太ったという女子大生の話を聞いたことがある。タラは貪欲な魚だから、こんな表現ができた。なお、「たらこ」（スケトウダラの卵）は欧米ではあまり食用としない。

留学中に太るのはたら腹食べるのだけが理由ではない。イギリスに来れば、朝から晩まで英語を話さなければならない。そんな状況に慣れない日本人にはかなりのストレスである。そのストレスを食べることでいつの間にか解消しているのかもしれない。

アメリカのレストランでウェーターは Baked or French? と聞くが、French は French fries または（French）fried potatoes の略で「ポテトフライ」のことだ。さらに、焼いてフライにしたbaked French fries というのもある。二〇〇三年、アメリカは国連の意向を無視し、イラクに存在するという大量破壊兵器を破棄させることを口実に戦争を始めた。そのような兵器が存在するという証拠など一つもなかった。日本はこの大儀なき戦争に愚かにも加担してしまった。イギリスはアメリカを支持したが、フランスは支持しなかった。そこで、怒ったアメリカ人はFrench fries と呼ばず、Freedom fries と名を変えた。少し前の話である。

もう一つ魚を取り上げたい。イワシだ。日本ではイワシは焼いたり煮たりして食べる。英米でも軽く塩付けにして焼いて食べることもあるが、缶詰になったイワシを食べるのがほとんどだ。サラダに入れて食べたり、時にはパンにつける。イワシは英語で sardine という。この語には be packed like sardines というおもしろい表現がある。イワシは小魚で、小さな缶にぎっしり詰め混まれる。その姿からこんな表現が生まれた。日本語だと「すし詰めになっている」だろう。

sardine は遊びにもなっている。一種のかくれんぼ（hide-and-seek）だ。子供たちが一列に並ぶ姿が、缶詰に並んでいる鰯を連想させるようだ。そうだ、その連想でいうと、sardines はむしろ「鰯のメザシ」の感じかもしれない。

24

えびで鯛を釣る

魚釣りの話は自慢話になることが多い。英語で a fish(y) story（本当と思えぬほら話）という。川釣りよりも海釣りのほうがほら話になりやすい。海には大きな魚がいるからだ。私は川釣り、特にフナ釣りが好きだ。時には鯉も釣る。日本では鯉は「出世」「雄々《おお》しさ」などよいイメージがある。しかし、欧米では carp は濁った水にすむ「汚い魚」「みにくい魚」という悪いイメージが強い。この carp をウィーンやプラハでは食べている。私もプラハのレストランでちなみに食べてみたが、やはり小骨が多くあまりおいしくなかった。

カトリック系のキリスト教では、金曜日は fish day だ。というのは、金曜日はキリストのはりつけとなった日なので、この日を断食の日（fast day）とし、肉を食べず魚で間にあわせるからだ。日本の仏教で精進《しょうじん》といえば魚や肉を食べない。魚は「さかな」ではなく「うお」だった。「さかな」の語源は「酒菜」である。「菜」は副食物の総称だが、酒に添えられるものとしては魚類が多かったので、意味が変わってしまった。蛇足ながら、「なべ」も同じで「菜」を料理する器の意味だ。

英語の fish は、日本語の「魚」よりも範囲が広い。fish には貝類・甲殻類・クラゲ・ヒトデなどまで含まれる。英米では魚の種類も少なく料理法も単純である。値段も日本に比べるとはるかに高い。しかし、フルコースの西洋料理（full-course dinner）では魚料理は欠かせない。salmon（鮭）trout（ます）sole（ひらめ）などは美味な魚とされる。他に shrimp（小えび）lobster（ロブスター）も好まれる。他に oyster（かき）は珍味と考えられている。日本人は「いか」(cuttlefish) を刺身で食べたり、焼いたり煮たり、またするめにして食べたりする。ところが、英米人はふつう食べない。

「(伊勢)えび」は日本では長寿を表しお祝いには欠かせない。西洋の lobster は無情・貪欲・偏見・不貞などあまりよいイメージがない。アメリカ人にとってロブスター料理はあこがれの料理の一つである。そのままゆでたり焼いたりし、レモン汁やバターをつけたり、ホワイトソースなどで食べる。

ザリガニはフランスでは食用として料理される。英語で crayfish というくらいだから、泥のなかで生息しているのだろう。このためか、アメリカや日本ではあまり食べない。日本に多く見られるものはアメリカザリガニ。昭和の初年に移入された。繁殖力が強いのでまたたく間に全国に広まった。

25

バーゲンセールには、いろいろ取り揃えております。

英語が日本語に入って外来語となる。その外来語が日常的に用いられると、その本来の意味から微妙にずれることがある。それを知らずに、アメリカやイギリスへ行ったときに、その外来語を使うと首をかしげられる。だからといって、それほど大きな支障があるわけではない。ことばの上でのことだ。むしろ怖がらずいろいろ使ってみるほうがよい。私は、自分で使ったあと、ひょっとして和製英語かなと思ったものがある。旅行中にスペアキーをなくし、部屋に入れなかったときだ。a spare key は正しい英語である。他に、a spare battery, a spare bulb と使う。用法は日本語の「スペア」よりも少し広く、a spare room（予備の客室）, spare clothes（交換用の服）, a spare man（補欠の要員）のようにも用いる。

日本語では「特価大売り出し」の意味で「バーゲン」というが、英語の bargain は「掘り出し物、買い得品」の意味だ。日本語の「バーゲン」は、英語では単に sale といい、ふつう bargain sale とはいわない。closing-down sale「店じまいセール」と称して、バーゲン品を売る。

セールにはちょっとしたアトラクションが催されることもある。日本語の「アトラクション」

は英語の attraction（人などを引き付けるもの）よりも意味がずっと狭い。「アトラクション」として行われる客寄せの娯楽やショーは、英語では entertainment, floor show などで表したほうが適切な場合も多い。

彼女のためにアクセサリーをバーゲンで買ったら怒られるだろう。日本語の「アクセサリー」はネックレスや指輪のような装身具をさすが、英語の accessory は帽子・ハンドバッグ・手袋・スカーフ・ハンカチなど女性の服装に付属するものをさす。ふつうは複数形で用い、She wore matching accessories.（彼女は服にあう装身具を身につけていた）という。最近よく用いられる「アクセス」（access）も「アクセサリー」と同じ語源だ。日本語の「アクセス」は、情報を読み出したりデータを書き込んだりするときに用いたり、交通手段の連絡の意味で用いる。なお、英語の access の基本義は「接近、接触」である。

バーゲンセールには、パートの女性だけでなくアルバイトの学生も駆り出される。「アルバイト」はドイツ語から入ったことばだから、英語ではそのまま使えない。「バイトをする」は work part-time という。アルバイト学生のことを英語では working students という。逆に、バイトをしない学生は full-time students だ。大学の非常勤講師も part-time teachers である。ところが、大学には full-time teachers だけでなく half-time teachers もいる。

26

ズボンとパンツとスラックス

朝起きて、ズボンをはいてバンドをつける。私は年を取った。「パンツをはいてベルトをする」といえない。現代日本語では、ズボンやバンドは格好悪い。

日本語のズボンに対して、英語では pants, slacks, trousers などという。最も一般的なのが pants で trousers は少し古くかしこまった語だ。しかし、イギリスでは今でも trousers という語を女性も使う。私はこの語を中学一、二年のときに覚えた。綴りも難しく厄介な語だったのでよく覚えている。「このズボンは私のものです」を英語に直そうとすると、日本人は単数形で書いてしまう。×This trouser [pant] is mine. 一本のズボンでも These trousers [pants] are mine. と表現しなければならない。

格好悪いと思われている「ズボン」は、ファッションの本場フランスの jupon から来ている。本来は女性の下裾《すそ》着である。ここで私は気がついた。この語は、和服の襦袢《じゅばん》と同じにちがいない。襦袢は和服の一部の名称だから、フランス語とつながりがあるなどとは誰も思わないだろう。ところが、襦袢の来歴はポルトガル語の「ジバン」だ。

スラックスは英語で slacks だ。元来はゆったりしたズボンのことで、一九三〇年代にアメリカで誕生した。男女のズボンに使う。ズボンよりも軽装で、しゃれた感じがする。

日本語の「パンタロン」は主にラッパ型の女性のズボンをいう。英語の pantaloons（複数形で用いる）は十九世紀ごろ流行した細い男性用ズボンだが、今は一般的に男女のズボンをさす。この短縮形が pants だ。さらに、ここから panties という語が生まれた。日本では、ジーンズの生地で作ったパンツを「ジーパン」と呼ぶようになった。日本語の下着の「パンツ」は、英語では underpants（undershorts）だ。また「水泳パンツ」は swimming suit, bathing suit, swimming trunks などのようにいう。下着のパンツとズボンのパンツが一緒になってしまったので不便だ。学生に教わったが、それを区別するために、下着は「パ」に、ズボンは「ツ」にアクセントを置くという。

ズボンをはいたらバンドをする。バンドではなくベルトということばを使う人のほうが圧倒的に多い。英語の band は rubber band（ゴムバンド、輪ゴム）や headband（はち巻き）hay band（干し草を束ねるなわ）のように、ばらばらになっているものを束ねるために用いる道具ということになる。パンツには belt を使わなければならない。

27

背広とスーツ、シャツとスカート

日本語の「背広」は、英語の civil(ian) clothes（一般人の服）という表現の civil(ian) を「セビロ」と呼んだことに由来するという説がある。私としては、それまでの他の洋服に比べ「背幅が広い洋服」という日本語説を押したい。背広とは、上着（coat, jacket）とズボン（pants）またはスカートが一揃いになった服のことで、英語では上下合わせて単数形の suit を用いる。Bob is dressed in a blue wool suit. のように用いる。この suit は、ビジネスのとき（business suit）だけでなく、水泳のときもジョッギングのときも着用する。すなわち、swimming suit (swimsuit), bathing suit, diving suit, jogging suit という。

これに対して、日本語では複数を意識してか「スーツ」という。大学の先生はスーツを着ない人も多いが、私はスーツが好きだ。スーツなら、シャツを何色にするか決めるだけで他は悩むことがない。最近のスーツで不満なことがある。いわゆるスリーピースがほとんどないことだ。スリーピースとは、上下に加え、ベストがついているもののことだ。このベストがあると、少し寒いときに便利だ。英語の vest は英米で微妙に使い方が異なるので厄介だ。イギリスでは

usually worn under a shirt or blouse、これに対してアメリカでは worn over a shirt, and often as part of a suit となる。私がいうベストはアメリカ式である。しかし、日本語ではチョッキのほうが一般的かもしれない。ただし、このチョッキの語源はわからない。英語の jacket とも、フランス語の jaquette ともいわれている。

日本語で「シャツ」というと、ふつうは下着（undershirt）をさす。英語で shirt はふつうワイシャツをさす。「ワイシャツ」は white shirt のなまったものだから、本来色物はない。私は白のワイシャツが好きだが、妻は色物のワイシャツを着せたがる。テレビの番組で、色の専門家が白のワイシャツを着たがるのは健康な証拠といっていた。調子が悪くなると色物を着たくなるという。その話を聞いてから、ワイシャツは白だと思い込んでいる。

日本人には信じられないが、「スカート」と「シャツ」は同じ語源である。skirt も shirt も短い衣服（short garment）の意味だったたが、いつのころからか、体の上部につけるものが shirt となり、体の下部につけるものが skirt となった。そういわれれば、つづりも似ている。なお、蛇足ながら、sk- で始まる単語は英語本来の語ではなく、スカンジナビア半島からバイキングらが伝えたものである。skirt だけでなく、sky や ski もそうだ。

28

トランプ、カルタ、カード、カルテ

正月に遊ぶ「カルタ」は漢字で歌留多と書く。このため、多くの日本人はこの語を日本語だと思っている。歌留多はポルトガル語の carta, carda から来た。

この語は世界史にも現れる。「マグナカルタ」だ。Magna Carta はラテン語だが、イギリス憲法の土台となった文書である。一二一五年、封建貴族たちがジョン王の不法な政治に抵抗して承認を強要したものである。なお、magna は「大」の意味で、マグニチュード（magnitude）を思い出すとよい。

語源的に同じドイツ語から入った語がある。医者の「カルテ」（Karte）だ。かつて、医学といえばドイツだった。日本の医者はカルテにドイツ語を書いていた。現代の医者は英語で書くのだろう。いや、今は電子カルテで済ませているかもしれない。

昔の医者はドイツが好きで、ドイツの車 Volkswagen に乗っていた医者も多かった。ただし、この自動車は「庶民の車」の意味だ。今の医者は medicine を英語で学んでいるが、ドイツの高級車ベンツやＢＭＷを乗り回している。medicine には「薬」だけでなく「医学」の意味がある。

英語のcardsはトランプのことだ。ただし、最近の若者はカードといっているかもしれない。「カルタ」や「カルテ」と同じである。このため、「トランプをやる」「かるたをやる」「花札をやる」「カードをやる」は、英語ではすべてplay cardsとなる。

トランプは、本来、切り札（trump）の意味である。カードをやる外国人が切り札を切るときに「トランプ」といっていたので、このゲームのことをトランプと呼ぶようになった。トランプのカードには、ハート、スペード、ダイヤ、クラブがある。クラブはこん棒（club）のことだ。♣の模様はクローバー（clover）をデザイン化したものだと考えられていたが、実はこん棒をデザイン化したものである。なお、クラブの四（およびジャック）が出ると縁起が悪いとされる。

ビジネスマンはネームカードを持ち歩いて、仕事をこなしている。しかし、英語では名刺をふつうname cardとはいわない。name cardは名札のことだ。business card（社名・肩書・氏名など）calling card（氏名と住所だけ、主に米）visiting card（主に英）などという。英米では、やたらと名刺を出す人間はあつかましく無作法だとみられるようだ。ところが、日本などとの取引が多くなると、英米のビジネスマンも名刺を持たざるをえない。この名刺の源は、「ヤアヤアわれこそは源の義経なり」といった名のりだという。また、「名刺」という言葉は中国の風習で竹片に自分の名前を書いて訪問先の戸口に刺したことから起こったといわれる。

29

ランドセル、リュック、ナップサック、バッグ、カバン

ダンヒルの店でメガネを買おうと思ったが、なかなか店がみつからない。そこで、イギリス紳士に場所をたずねた。その紳士は知らないという。場所がわからないどころか、ダンヒルとは何を売っている店かと聞かれた。ダンヒルの店を知っているのは日本人くらいかもしれない。ブランド物といっても、一般のイギリス人はそんなものにまったく関心がない。注意してみると、女性が持っているバック（bag, handbag）もブランドものなどほとんどみかけない。

ロンドンの英語学校で教える三十代の女性と話したとき、彼女にブランドもののバッグについて聞いてみた。さすが年頃の女性だ、ほとんどのブランド名を知っている。知ってはいるが、高くて買えないという。彼女の年収は二万ポンドくらいだ。彼女の生徒には日本の若い女性も多くいて、ルイ・ヴィトンのバッグを持っているという。しかし、それは偽物だとずっと思っていたと彼女はいう。

「ランドセル」はオランダ語のransel のなまったもので、もともとは軍人が背中につけた背嚢《はいのう》をさしていた。それが帝国陸軍に入り、いつのまにか子供が背負うカバンをさすようになった。

明治に入り、伊藤博文が当時の皇太子だった大正天皇に学習院初等科の入学祝いとして献上し、徐々に広まったという。

「リュックサック」はドイツ語のRucksackから入った。backpackともいい、アメリカではknapsackともいう。後半部分のsackは厚手の布地のこと。（日本語の「ズック靴」「ズック」のことだろう。この語は「布」という意味のオランダ語のdoekから入った。）日本語でも「ナップサック」というが、「バックパック」はほとんど使わない。ただし、「バックパッカー」という人をさす語は用いられる。今の若者は重い荷物を持って安旅行などしない。私たちはバックパッカー世代だ。大きなナップサックやリュックを背負い、片手に『地球の歩き方』を持ち、ユースホステルに泊まり、世界を歩き回った。

「カバン」という語は西洋からの外来語のように思われるが、中国語から入ったことばだ。「夾板《きゃばん》」から来ている。カバン類にはファスナーがつきものだ。日本語では「ファスナー」とか「チャック」という。若い女性はジッパー（zipper）という。少し前に使われた「チャック」という語は、カタカナの和製商標名である。

こんな風に見てくると全部外来語だ。日本にはカバンの伝統がなかった。日本人は風呂敷（風呂に入るときに着物を包んだ布）を使ってきた。あの一枚の風呂敷を使っていろいろなものを包み運んできた。その包み方については『英語になった日本語』を見ていただきたい。

30

部屋の照明はどうしますか。カンテラ、シャンデリア、キャンドル。

三十代半ばのころ乗鞍岳に登った。ふつうは畳平から登るが、私たちは湯谷温泉から登った。途中、雷鳥に出会った。山頂に立ったときの爽快《そうかい》さは何ともいえない。登山やキャンプなどに関心のある人々にとって、カンテラは見慣れたものだ。しかし、最近の若者は登山をしないので、「シャンデリア」「キャンドル」は知っていても「カンテラ」は知らない。

日本語の「カンテラ」はオランダ語の kandelaar から来ている。カンテラの灯りはシャンデリアのように明るくないが、ほのかで温かみがある。このため、私たち世代には詩的でロマンチックだ。

これとは対照的に、シャンデリアは華やかで明るい。しかし、語源はカンテラと同じだ。chandelier は cha を「チャ」ではなく「シャ」と読むことからもわかるように、フランス語から入ったことばだ。シャンデリアは本来「ろうそく立て」の総称で、十四世紀ころ始まった。それが十七世紀から十八世紀にかけ豪華なものとなり、舞踏室などの天井に欠かせない装飾照明具となった。

シャンデリアが「ろうそく立て」のことだったということから、見当がついた方も多いだろう。英語の candle も同じ語源の単語である。英語の candle も日本のろうそくもイメージがよく似ている。その火は人の魂を表し、それが消えるのは死を意味する。日本のろうそくの火は悪霊を遠ざけるともいわれる。

次は「コップ」と「カップ」と「グラス」だ。古く日本にはポルトガル語の copo という語が入った。その後、オランダ語の kop が入り、ポルトガル語に取って代わった。私の考えでは、日本語の「コップ」はオランダ語から来た語である。copo も kop も陶磁器が基本で時にはガラス製もあった。ところが glass が出現し、英米ではガラス製のものは glass と呼ぶようになった。同時に陶磁器製のものは cup と呼び区別するようになった。日本ではすでにガラス製の「コップ」が定着していたので、陶器のものに対して別の呼称が必要となった。そこで、昭和の中頃から「カップ」ということばが用いられるようになった。このため、昭和初期の英和辞典では cup の訳語として「コップ」が使われている。

「紙コップ」は paper cup というが、紙コップに入ったラーメンは「カップラーメン」という。最近は英米でもカップラーメン（pot noodle, snack noodle）が売られている。ただし、麺に工夫がある。麺が短い。食べやすくするためというよりも、麺を食べる時に音が立たないようにという配慮だ。日本人は音を立てながら麺を食べるが、それは彼らのマナーに反している。

31

「パート」と「セクト」

日本人なら子供のころに虫取りをした記憶があり、昆虫に対して親しみを感じているだろう。ところが、insect はハエ・蚊・ダニ・クモなど人間に嫌われるようなものばかりなので、英米人は親しみを感ずることはほとんどない。ロンドンでは夏でも蝉の鳴き声は聞こえない。insect が、英米人にとってなぜ気持ちが悪いか考えた。一つには、身体がいくつかの部分に分かれているからかもしれない。insect の語源は「部分（sect）に分かれた」。

ロンドンの自然史博物館の展示物をみていて、「節足動物」ということばを思い出した。小学校の高学年くらいに覚えた。昆虫などを「節足」と称したのは、まさにいくつかの部分に分かれているからだろう。

日本の会社や官庁はいくつかの「セクション」（section）に分かれ、課長（section chief）がしきっている。分かれていると、どうしても「セクショナリズム」（sectionalism）に陥りやすい。政党のなかの派閥（sect）も同じである。セクト間で激しい争いをすることもある。最近では、公共団体（これが第一セクター the public sector）と民間企業（第二セクター the private sector）が一緒になって事業を行うことがある。この新たな事業母体を第三セクターと呼ぶ。あまりうまく機能しないことが多い。責任まで分割する（ラテン語のsecāre）と、うまくいかない。

他にも同語源のことばがある。道路の交差点を表わす「インターセクション」(intersection)や数学の「セグメント」(segment)。大事なものを忘れた。男と女を分けるsexもそうだ。ただし、日本語の「セックス」はもともとのsexの意味ではない。最近の用法だ。

よく似た語でpartがある。これもラテン語が語源で、「部分、分割する」の意味である。この語からも、日本人が知っている多くの語が生まれた。

「デパート」(department store)は、売り場(department)がいろいろ分かれている。どのデパートにも水着売り場がある。若い女性の水着は「セパレーツ」(separate)だ。その水着をきて、プールの「セパレート・コース」(separate course)で颯爽《さっそう》と泳ぐだろう。売り場で働く人は、正社員だけじゃなく「パート」(part-time worker)さんもいる。独身の社員にはマンションとまではいわないが、「アパート」(apartment house)くらいは用意してほしい。そんな社員も数年すれば結婚し、お別れだ。別れ(depart)は、やはり寂しい。そんな時には、「パーティー」(party)でもすればよい。いつもばらばらに(apart)働きながら、自分の役割(part)を果たしている(partake)者どうしが集まれば、楽しい。

32

月給

給料について書きたい。日本では月給がふつうだ。昔は現金をもらっていたので、給料日をよく覚えていた。そして、給料日には皆で飲みに行った。アメリカでは週給制が多く、金曜日に給料が払われる。このため、Thank God. It's Friday. という表現がある。また、金曜日は週末の始まりなのでHave a nice weekend. というあいさつで金曜日は別れる。日本でも週休二日制が広まり、「花金」ということばが生まれた。

月給に対してはsalaryという語がふつう用いられる。salaryは語源的にsaltとつながり、もともと「兵士の塩購入代金」だった。これに対して、週給や日給はwageだ。二〇〇八年のロンドンでは、サッカー場などで働く人たちの時給(hourly wage)は五・五〇ポンドくらいだ。これに対してロンドン市長は二ポンドくらい上増しするよう経営者に要請している。これを最低時給としたい意向だ。fair tradeならぬfair payである。サッカーだって、フェアーなプレー(fair play)のほうが気持ちがいい。

payは一般的に給料を表すことばである。日本人は給料の話を比較的気軽にするが、英米では話題にしない。pay はその人の階級や能力と深くかかわるので、プライベート（private）なことだと考えるからだ。そのくせ（そのためか？）、イギリスの新聞の求人欄では仕事の内容と同時に年収が明記されている。日本ではそれほど露骨に年収どれだけとは書かない。

お金の話がでたところで、イギリス人の生活について触れたい。一ポンドが二百円だとすると、英国人の月給は日本人よりも少し多いくらいだ。しかし、ロンドンでは物価がとても高い。昼食は六ポンドもださないと食べられない。これでは生活が大変だと思わざるをえないが、いいところに住み高級車に乗り夏には避暑に出かける。ほとんど給料が同じなのに、なぜこうなんだろう。当然のことながら、三十代の夫婦は共稼ぎを余儀なくされる。二十代の女性に、男性がどれくらい給料をとってきたら、仕事を辞めてもいいかと聞いた統計を見た。日本とほぼ同じで、年収五、六万ポンドくらいである。共稼ぎをして高級車に乗れるには、二つ理由がありそうだ。一つは、イギリス人は将来を見越しての貯金はしない。日本に比べ年金制度がしっかりしているので老後のためにお金をためない。もう一つは、教育にお金をかけない。日本人なら、食べるものを質素にしても子供を大学へやりたいと思うが、イギリス人は決してそう考えない。教育費は高い。名門パブリックスクール（public school）だとすべてを含め年間二万ポンドはかかるようだ。最近、イギリスで問題になっていることの一つは、大学生全体に占めるアジア系学生の割合の多さだ。文部大臣は、教育に対する文化的価値観のちがいだと嘆いている。

33

日本と英米の「みち」

日本の「みち」はいろいろな漢字で表記される。道、途、路 など。これらの漢字を使っていろいろな漢語が造られ、それを使い分けなければならない。英語にも「みち」にあたる語はいろいろある。road, street, avenue, path, lane, sidewalk, way など。

way は元来「通路」「道筋」という広い意味で、必ずしも road とは限らない。ねずみが穴を通れば、それが way だ。かなり抽象的な内容の語だと考えたほうがよい。「人や車が通る道」の意味で単独で用いることはあまりないが、合成語として用いることは多い。highway（幹線道路）expressway（米 高速道路）motorway（英 高速道路）Broadway（New York の大通り）など。

英語の way は、ドイツ語では Wag（道）となる。ここから Wagen「車」という語が生まれた。フォルスク・ワーゲンの車を知っている人は多いだろう。そして、これらの語とつながりがあるのが、英語の vehicle（車の総称）やフランス語の voyage（旅行）。後者は、日本語で「ボン・ボヤージ」といって使う人もいるだろう。

street は、ふつう両側に建物が立ち並び、歩道（米 sidewalk, 英 pavement）や並木道がついている道をさす。並木としてはマロニエ（西洋栃の木 horse chestnut）が有名だ。これに対して、road は町と町とを結ぶ車のための道路である。このため、street は街中にあり、road はふつう郊外にある。意外に、高校生は street と road のちがいを知らない。英語が受験だけのためだと、そんなちがいなどどうでもよい。

ロンドンの Oxford Street や Regent Street なら観光客は誰でも知っている。街の繁華街にある。大英図書館の前の通りは Euston Road だ。かなり交通量が多くスモッグが激しいので、ロンドンで最悪の道路とのうわさだ。

avenue は元来「並木のある大通り」の意味だったが、今では並木の有無に関係なく「広く長い大通り」に用いる。アメリカでは avenue は street と交差する通りの名に用いることが多い。その場合、交差点は X Street and Y Avenue のように表す。ただし、イギリスでは一般的に大邸宅（country house や mansion）の玄関に通ずる並木道を avenue という。

イギリスには roundabout という交差路がある。日本式にはロータリー（rotary）のことだ。街《まち》中にも郊外にもある。慣れないと最初は怖いが、慣れると便利なものだ。日本だと郊外の見通しのよい所で信号がある場合、車の有無に関わらず赤なら車を停めなければならない。roundabout なら、その必要はない。また、行き先を間違えそうな時は、そこをぐるぐる回ればよい。

34

「くるま」でハイウェーを颯爽とドライブしよう。

日本語の「くるま」は「くるわ」から来ている。「くるくる回る輪」の意味だ。英語の car はラテン語の currere から来ている。これも、もともとは「回る、走る」の意味である。これから生まれた語が current, currency だ。car の訳語としては、古いものから「荷車」「兵車」「貨車」「戦車」「電車」「自動車」などだ。意味の変遷や追加がかなりある。現在では car は、乗用車（少人数）だけでなく鉄道の車両やエレベーターの箱などにも用いるが、バス (bus) やトラック (truck) は car には含まれない。日本語の「車」にはバスもトラックも含まれる。総称的な意味の「車」に対することばとして英語には motor vehicle という語がある。

「車でハイウェーを走った」を英語でいう場合、そのまま highway を用いることはできない。英語の highway は、都市と都市を結ぶ幹線道路にすぎない。日本語の「ハイウェー」にあたるものは、アメリカでは expressway, freeway, superhighway, thruway などいろいろな呼び方がある。イギリスではふつう motorway という。ロンドンから広がる高速道路は、その頭文字をとってM1とかM4と呼ばれる。この高速道路を走る時に困ることがある。中継となる要所に行き先は書かれているが、その地名がわからないとまったく意味がない。それがわからず、何度かインター（interchange）を通り過ぎた。そうすると大変だ。三十キロ先まで行って戻らなければならない。ただし、高速道路は無料だ。

日本語の「ドライブウェイ」は、自動車でドライブできるようなきちんとした道路をさす。英語のdrivewayは、家またはガレージから道路に出るまでの私道をさす。ただし、カナダでは日本と同じ使い方をする。また、日本語の「スカイライン」は高原などの見晴らしのよい所につくった観光道路だ。英語ではmountain highwayという。英語のskylineは「空を背景にした山やビルなどの輪郭または地平線」の意味だ。なお、driveはもともと「(動物を)追いやる」の意味だった。それが「(車につけた馬を)使う、駆《か》る」の意味になり、「(車を)走らせる」に変わった。

日本の「ドライブイン」は英語でa drive-in restaurantまたはa roadside restaurantという。drive-inは「車に乗ったまま利用できるレストラン・銀行・映画館など」をさす。「ドライブスルー」は最近日本でも増えてきた。車で通り抜けながらいろいろな用事を済ますところである。a drive-through restaurant, a drive-through cleanerなど私がアメリカに初めて行った三十年以上前に、こうしたシステムや施設は一般的だった。日本でも十年もしたら同じようになると思っていたが、なかなか進まなかった。定着したのはファーストフード（fast food）のドライブスルーくらいだ。日本はアメリカほど車社会ではないからだろう。

35

home と house, hotel と hospital

a new house と a new home の意味は異なる。前者は「新家屋、新居」で、後者は「新家庭」。これで home と house の本質的相違がわかる。家庭でくつろぐときは feel [be] at home という。これから生まれた日本語が「アットホーム」。ただし、「アットホームな雰囲気」という場合、英語では a home-like [homely] atmosphere と表現する。なお、homely には「不器量な」の意味があるので注意。家にいて「飾り気のない」ところから、この意味が生まれたようだ。

人の家を訪問するには住所を確認する必要がある。日本の家には表札が出ているが、英米の家にはそういうものはない。その代わりに house number が家についている。道路をはさんで、片方が奇数で他方が偶数番号になる。英米では、家庭に招いてもてなす (hospitality at home) ほうが、料亭やレストランなど家の外でもてなす (hospitality outside) よりもすばらしいと考えられている。日本では、その逆に考える場合が多い。日本では客をもてなす場合、その家の奥さんはおいしい料理を作りその給仕をすることが重要なことだとされる。英米では、その家の奥さんは、手作りの料理だけでなく客の気をそらさない会話をすることが重要だと考えられている。日本人は人の家に招待され訪問するとき、市販のお菓子を手土産として持って行くことがよくある。英米人にはこれは奇妙に感じられるどころか、失礼だとさえ思われる。市販のものでなくホームメード（home-made）のお菓子ならよい。

古代ギリシャ・ローマでは、見知らぬ人を客としてもてなす習慣があった。客を泊める場所がやがて病人を泊める場所の意味に変わった。hotel と hospital とは同じ語源で「客や見知らぬ人を受け入れもてなす場所」という意味だった。hotel は古フランス語の hostel から入った。英語では hospital は十六世紀に「病院」の意味となった。このような事情だから、日本語にもなっている「ホテル」「ホステル」「ホスピス」（hospice）だけでなく「ホスト」（host）「ホステス」（hostess）もすべて同じ源ということになる。

hometown には、生まれ故郷の町という以外に、長年住み慣れた町という意味もある。アメリカ人はよく引っ越しをするので、日本人やイギリス人のように hometown に郷愁を感ずることはあまりない。しかし、地元の野球チームは熱狂的に応援する。よく引っ越しするといっても、ベートーベンがウィーンで五十回以上も住みかを変えたのにはかなわないだろう。

最後にホームと関連する和製英語について述べたい。「ホームシック」（homesick, homesickness）「ホームルーム」（home room）「ホームラン」（home run）は正しい英語だが、「ホームイン」（get [reach] home）「ホームドクター」（family doctor）は和製英語である。

36

ロンドンではどこに住みますか。マンション、アパート、スタジオ。

家や部屋を借りるのは大変だ。それぞれの国の事情や規則や習慣を理解していなければならない。日本では家賃の他に礼金・権利金・敷金が必要である。アメリカでは家賃と保証金（deposit あとで返却される）を払う。イギリスではロンドンを除いて一か月の家賃を払うだけでよい。

日本語でいう「マンション」は apartment（house）だ。英語の mansion は大邸宅だが、ロンドンでは時に…mansions と表示されているアパートもある。日本ではマンションの大きさを2LDKのように示す。二つの部屋と居間と食事の部屋と台所があることを表す。英米では apartment の大きさはベッドルームの数で表す。3-bedroom apartment は、台所・リビングルーム（living room）・バスルーム（bathroom）の他に三つの寝室があることを表す。なお、英米のアパートは家具つき（furnished）のものが多い。

日本語でいう「ワンルーム・マンション」は、イギリスでは studio（apartment）という。しかし、日本語の「スタジオ」は、画家や彫刻家の「アトリエ」（フランス語の atelier から入った外来語）だったり、写真家や音楽家などの仕事場、ダンスや演劇の練習場、テレビやラジオの放送室、レコードの吹込室などをさす。

イギリス独自の semi-detached house と呼ばれるものがある。一戸建て（detached）ではないが、二つの家がくっついて一戸建てのようになっている。これを見慣れていない日本人は大きな一戸建ての家だと思ってしまう。左右は基本的に同じだが玄関が二つあるので、これだとわかる。たいてい二・三階建てで、それぞれ三つまたは四つくらいの寝室があり、かなり広い。

上の説明からも、欧米の家において寝室はきわめて重要な部屋だということがわかる。そこに置かれるベッドについて見てみよう。英米のベッドのサイズは、king, queen, double, full（日本でいうセミダブル）, single の五種類だ。full または single を二つ並べると twin beds になる。欧米では夫婦は一つのベッドに寝るものとされている。ベッドは夫婦生活のシンボルである。

ベッドは次のものでできている。bedstead（寝台の枠組）mattress（マットレス）pillow（枕）sheets（シーツは上下二枚を対にして用いる）blanket（毛布）quilt（掛けふとん）bed-spread または bedcover（ベッドカバー）。薄い毛布や掛け布団だけで冬は寒くないかと日本人は思うが、セントラルヒーティング（central heating）になっているので寒くない。

なお、He got off the bed on the wrong side. という英文は、「彼はベッドの反対側から出た」という文字どおりの意味と「彼は機嫌が悪い」という意味がある。これは一方の側からベッドに入り翌朝反対側から出るのは不吉だという迷信による。

37

欧米の家はどうなっていますか。

日本の玄関はドアを開けるとたたきの部分がある。英米の一般家庭では玄関のドアを開けるとすぐ床になる。そこを（entrance）hall と呼んでいる。日本語の「ホール」は催しなどが行われる大きい広間をさすが、英語の hall はそれだけではない。

英語の door は「戸」だけでなく、家や部屋の「入り口」もさす。特に、家の正面玄関（front door）の意味でよく使われる。Somebody is at the door.（玄関に誰かがきているよ）We showed her to the door.（彼女を戸口まで見送った）欧米は壁の文化で、日本はふすまの文化だ。欧米の家では壁やドアによって部屋と部屋が仕切られる。日本の家にも壁はあるが、それは外界から内の世界を守るためのものである。伝統的な日本の家では、部屋と部屋を仕切るものはふすまだ。ふすまはいつも簡単に自由に開けられ、部屋を解放した広い空間にすることができる。欧米ではこんなことは想像だにしない。privacy が重んじられているからだ。壁はプライバシーを守るためのものである。日本にはプライバシーの概念はない。日本の家は家族全体の生活空間だ。

この点を象徴する話を英語のテキストで読んだ。英米においては、生まれたばかりの赤ちゃんといえど、夫婦の部屋とは別の部屋に寝かせるという。もちろん、不慮の事故が起きないようにドアを開け、赤ちゃんの状態がわかるようにする。そんなにまでするのなら、赤ちゃんも一緒に夫婦の部屋で寝かせればよいというのは、日本人の考えである。

このため、鍵（key）が生活で果たす役割は、欧米のほうがはるかに大きい。鍵には魔力があると信じられているので、亡霊に向かって鍵をなげつけたりする。また、鍵は家・共同体・国家を守る象徴で、鍵を渡すことは降伏のしるしとなる。日本では近年、「鍵っ子」が問題となり、鍵の連想はよいとはいえない。

居間の壁のなかにはめ込んだ暖炉が fireplace である。これは効率の悪い暖房だが、イギリス人の暖炉に対する執着には特別なものがある。ここが家族団欒《だんらん》の中心と考えられているからだ。個々人が壁で区切られたそれぞれの部屋のなかで生活するからこそ、そのような場所を家のなかに確保することは家族の一体感にとって恐らく不可欠だからだろう。この点において、日本の「いろり」や「やぐらごたつ」にも似た面がある。しかし、ここは暖をとったり食事をする場所だ。日本人にとって家全体が家族全員のための空間だから、そのような必要がないのだろう。

38

日本の庭とイングリッシュ・ガーデン

英米の家には前庭（英 front garden, 米 front yard）と裏庭（backyard）がある。アメリカでは、前庭はふつう芝生を植える。裏庭は日本人が想像するよりもかなり広く、芝生でなかに花壇や家庭菜園があることが多い。アメリカでは前庭は囲いをしないが、裏庭はふつうフェンス（fence）で囲う。fence は木や金網でできている。日本やイギリスでは家と庭は、塀や垣根で囲われることが多い。日本の裏庭はあまり広くなく薄暗いイメージだ。イギリスでは周りに草木を植え石を敷き詰めることも少なくない。

野原・道路・家などの仕切りの生け垣（hedge）はイギリスの田園風景の大きな特色である。生け垣に一番多く用いられる木は、さんざし。成長が早く、とげがあり家

イギリス、シシングハーストの庭

畜が逃げない。家の回りには、いぼた(privet)つげ(box)ひいらぎ(holly)なども多い。日本では、つげ・あかめがし(red robin)・かいづかいぶきなどが多く用いられる。さんざし(hawthorn)は、ピンクや白の花を咲かせる。とげ(thorn)があり、生け垣(古くは haw)に用いられる。キリストのいばらの冠は hawthorn の枝で編まれたとされる。このため、その枝とくに花のついた枝を家の中に持ち込むのは縁起が悪いとされる。日本へは江戸時代に中国から入った。

アメリカ人が garden という語を用いる場合、特別な目的のための場所を念頭においている。a kitchen garden(家庭菜園)a rose garden(バラ園)a flower garden(花園)a fruit garden(果樹園)これらの例から、~garden は日本語で「~園」と訳されることが多いことがわかる。

初期の英和辞典における garden の訳語を概観すると、『袖珍辞書』では「花園、庭」とあるが、明治の『英和字彙』で「圃《はたけ》」が登場する。「圃」は、苗代《なわしろ》や野菜果樹の園など広い意味領域の語だった。それが明治の中頃、具体的な内容の「園」に取って代わられたと思われる。

イギリスでは yard は建物に隣接ししばしば舗装された土地をさし、花木などが植えられていれば garden という。ところでこの yard という語は、古い英語では ġeard となる。これがフランス語に入って jardin になった。さらに、それが十三世紀の末ごろ英語に持ち込まれ garden に変わった。もとをたどれば、yard と garden は完全に同じ語ということだ。

39

フラワーショー

日本では、池坊をはじめ多くの華道流派が花展を開催する。「花展」を英訳するとどうなるのだろう。Flower Show とするか。

二〇〇八年六月、ロンドンのチェルシー・フラワーショーを妻とともに見に行った。愛好家にとって一大イベントで、BBCは一週間あまり毎日中継放送していた。これは日本流の花展ではない。展示会場の一部には日本の花展を思わせるお花も展示されているが、全体としてはむしろイングリッシュガーデン展示場といったところだ。日本でいう庭師（gardener）が競って、独自の手法や素材でガーデンを設計する。世界から庭師が集結し、その技を競い金賞を目指す。日本からも三〜四組参加していた。有名な庭師にはスポンサーがつき、その規模も大きなものとなる。彼らが作る庭は実にユニークでおもしろい。総じて、イギリス人の好きなガーデン（English garden）は、花を多様に利用していて日本の枯山水式のものは好まない。木はあまり植えない、多くが低木（bush, shrub）だ。そして重要なのは、水をうまく配置することである。

八月、今度は同じ会が主催するハンプテンコートでのフラワーショーを見学した。チェルシーのものと基本的には同じだが、こちらはより実生活に密着したものである。このため、草花を鑑賞する人、種を買う人、肥料を買う人、庭の置物を熱心に見いる人、庭いじりの道具を購入する人で会場は膨れ上がっている。もっとも、ここは広いのでかなりの人が押し寄せても大丈夫だ。多くの人は、それらのものを買うために車で来ている。

イギリス人の園芸（gardening）好きは有名で、夫は芝生の手入れをし妻はバラ作りをするというのが彼らの理想だという。しかし、私の住んでいたチジック地区は高級住宅地といえるが、そんな姿は六－七月頃に多少見かける程度だった。道路に面した前庭（front garden）の花壇を道行く人にも楽しんでもらうという考えから、それぞれの家々が趣向をこらして小さな庭を飾っている。ところが、驚いたことに時には隣の庭が荒れ放題だと文句をつけるという。地域ごとに全体として景観を守っているからだ。それだけではない、荒れた庭が一つあるだけでも資産価値が下がると考えるのだ。イギリス人の生活信条（philosophy）と現実（economy）が微妙に見え隠れしている。

チェルシー・フラワーショー

40

庭にはどんな木を植えますか。

イギリス人の頭のなかには「庭に木を植える」という意識はないかもしれない。もちろん、公園にも個人の家の庭にも木は植えられている。しかし、その木の枝振りを愛《め》でるのではなく、木によって木陰を作ったり、その木がつける実を楽しんだりするためではないだろうか。

日本語の「枝」は、「枝打ち」「枝葉」「枝道」などの例のように大切でない事や末端の意味で用いられることが多い。ところが、英語の branch は生命や豊饒の象徴である。金の枝（the Golden Bough）は現世と来世を結び、銀の枝（the Silver Branch）はこの世と妖精の世界をつなぐ。

古代において、和平を申し入れるときにはオリーブの枝を差し出した（hold out an olive branch）。このため、オリーブの枝は平和の象徴となった。国連旗にもオリーブの枝が用いられている。また、オリーブ油は王様や聖職者などに油を塗る際に用いられたり、歓待のしるしとして客に注がれた。

laurel は常緑樹として不滅や不死を表すところから勝利・平和を意味する。ギリシャやローマでは、その分野で名をあげた者に月桂冠が与えられた。なお、laurel の葉は香料として料理やお菓子の香りつけに用いられる。

maple は一般的に慎みや夫婦愛などを表す。秋にはあでやかに紅葉するので過去の幸福を表し、すぐ葉が落ちるので移りやすさを表すこともある。maple leaf はカナダの国章だ。日本語の「かえで」という語は「蛙手《かえるで》」から来ている。葉の形が蛙の手に似ていることによる。

oak は、カシ・カシワ・ナラなどの堅くて大木になる落葉樹（日本の「カシ」は常緑樹）だ。英国には樹齢何百年にもなるオークの木が多くあり、the monarch of the forest（森林の王者）と呼ばれる。その雄大な姿と堅固な材質とによって、英国を代表する木であり、剛健な英国精神の象徴と考えられている。Great oaks from little acorns grow.（樫の大木も小さなどんぐりから生長する）ということばがある。acorn は生命や力強さを表し、日本のどんぐりのような子供っぽいかわいいイメージはない。

pine は垂直に生え腐りにくいので、英米では孤独や不死や強い性格を表す。日本では松の木は独特な位置づけがなされている。桜が武士文化のシンボルであるのに対して、松は不老長寿に対する庶民の素朴な願望を反映している。このため、門松は日本の正月に欠かせない。

英語で pine というと、日本人はどうしても「パイン・アップル」を思い浮かべてしまう。しかし、その甘い香りと前のイメージがあわないのだ。語源的には、パイナップルの実の形が松ぼっくりに似ていて、アップルのような香りがすることから、こう呼ばれるようになった。

41

雲は流れる丘の上

留学していた大学のキャンパス内にちょっとした丘があった。上まで登り、その芝生に寝転がるのが好きだった。目の前には空が広がり、雲が流れる。雲がどんどん流れるということは、天気が変わりやすい（changeable）ということだ。イギリスでは、またたく間に暗雲がたちこめ雨となる。しかし、また少しすると、この雲間から陽《ひ》が射す。

私はターナーの絵が好きだ。ロンドンにあるナショナルギャラリーやテートギャラリーには、彼の絵画が展示されている。何とフリー（free）で見られる。そのなかで好きな絵のひとつは比較的初期のものである。全体がどす黒いなか、天から光が幾筋か射す。あの絵を見ると身体が凍りつく。

最近、私はジョンソン辞書を本格的に研究している。特に彼をヨーロッパの啓蒙思想のなかで理解したいと考えている。啓蒙思想について何冊かの本を読んだ。そこで、この年になって恥ずかしいが、やっと気づいた。あのターナーの絵は啓蒙思想そのものである。

日本語の「啓蒙」とは「蒙《くらい》」を「啓《ひらく》」の意味だ。英語ではenlightenmentという。単語の真ん中にlightがあってわかりやすい。中世の暗黒時代に陽が射すのだ。日本語の「啓蒙」はわかりにくい、明治の初期には「開明」という語があった。この語のほうがわかりやすいだけでなく、原語の内容をよく伝えている。私は開明思想と呼びたい。

英語にtwilightという語がある。この語も後半にlightがある。では、頭のtwiは何だろう。twin（双子）と同語源で、twoの意味である。たそがれ時には、明るい光と暗い光が交錯する。だから、「たそがれ」時は、前を行く人が「誰であるか、彼であるか」わからない。わからないから、そこに恋が生まれ、詩が詠まれる。

朧《おぼろ》月夜のもとでも同じだ。はっきりしないが、まったく存在しないわけでなく、確かにそこにある。このような「ほのかで」「あわい」「ほのぼのとした」状態が日本人は好きで、プラスの評価をする。墨絵のような無彩色の世界が日本人の美的世界だ。

「赤い」は語源的に「あかし」（明るい）から、「黒い」は「暗し」から来ている。さらに、「白い」は「著《しる》し」（著しい、顕著な）から、また、「青い」は「漠《あお》し」（漠然とした）から来ている。これらの色彩語の語源をたどると、墨絵の濃淡や明暗の世界だということが理解される。

ターナーの後期の作品は、黄色がかったオレンジ色の淡い世界で初期の作品とはまったく異質の世界だ。この二つの世界を比較すると実に興味深い。それが、私がジョンソンを研究する理由である。

42

風雨にさらされ

妻と二人でロンドンのピカデリー広場を歩いていた。回りには多くの人が溢れていた。そこに雨が一滴二滴（a drop of rain）と落ちてきた。妻はすかさず傘をさした。私は妻にいった。回りを見てみろ。何百人の人がいるが、傘をさしている人はいないだろう。お前が一番だ。

umbrella はイギリス紳士に欠かせない持ち物というイメージが強い。ところが、昔は umbrella は女性用の持ち物と考えられていて男性は用いなかった。英国では少しくらいの雨で男性が umbrella をさすのは軟弱だと考えられる。二〇〇八年のイギリスはここ百年くらいのなかで the wettest year だった。少々の雨でも傘をさす輩《やから》がいる。今の英国人は軟弱になった。もっとも、傘をさしているのは他の国から来た連中かもしれない。

イギリスの天候は変わりやすい。だから、人々はいつ雨が降ってもいいように防水のきいた上着を羽織ったり、ビニールの鞄《かばん》をもつ。革の鞄をもつ紳士も時にはいるが、少ない。アクアスキュータムやバーバリのコートはほとんどトレンチ式なのはそのためである。ただし、冬になると、雨も少なくなるし寒いので、ウール（ひょっとしたらアクリル）のコートが多くなる。そして、若いものも手袋をはめる。女性は耳を隠すために毛糸の帽子をかぶる。それほどロンドンの冬は寒いわけではないので、それは単にファッションだけかもしれない。ところが二〇〇九年の一月は厳しい寒さだった。

英語の beach umbrella は「ビーチパラソル」のことだ。×beach parasol とはいわない。英語にも parasol（日傘）はあるが、イギリスでは誰も使わない。ウィンブルドンのテニス場で日傘をさしているのは日本の女性だけだ。parasol はもともとイタリア語から来た。para は「防護、避難」の意味で、sole は太陽のことである。「パラシュート」（parachute）は「落下を防ぐもの」。

雨は、日本人にとってもイギリス人にとっても不愉快なものにちがいない。では、風はどうだろう。日本語の「風」は快・不快にあまり関係ないが、英語の wind は不快な風に用いるのが一般的だ。心地よい風には breeze という語を用いる。イギリスでは、東風と北風はよくないが西風はよいとされる。西風は暖かさや恵みの雨をもたらす。風向きが重要である。ところが、breeze の語源がポルトガル語の briza（北東の風）という説がある。日本では東風が雨をもたらす。江戸時代の俳人、向井去来の句にこんなものがある。「おもむろに東風《こち》見る雲のいそぎかな」春に東から吹く風が「こち」だ。

window の語源は wind+eye だ。風を入れるために、目の形をしたくり抜きを作った。日本語の「まど」も「目戸」がなまったという説がある。

43

太陽、月とmoon

日本人に、特に子供に、太陽を描かせると、決まって同じ形で同じ色になる。とても小さな子供たちでさえ、すでに日本文化の影響下にある。というのは、同じ子供でも、英米人の子はまったくちがった太陽を描く。英米の子供は、太陽を黄色で、月を白か銀色か淡い黄色で画く。日本の子供は、太陽を赤で、月を濃い黄色で描く。中国の子供だと、また日本人とは多少異なった色の太陽となる。

色や形に対するイメージも文化によって異なる。

月面の模様を、日本人は餅つきをしているウサギと見立てた。中国人も同じイメージだから、もともと中国から来ているかもしれない。これに対して、英米人は人の顔と見る。このため、the man in the moon（月のおじさん）という表現がある。英米では月は一般的にwhiteだと述べた。このため、once in a blue moonとなると、めったにないめずらしいことを表す。

「花鳥風月」というくらい、月は日本人には大事な情景の一つだ。日本人にとって月は裏側の真実を表し、古来から逢い引きと結びついている。このため日本人は月を愛《め》でたりする。欧米では月見の宴《えん》をはることはない。英語の moon は sun に対して二次的なもので、月の光を浴びすぎると頭がおかしくなるとか、月には人を狂わす魔力があると信じられている。lunar（月の）lunatic（狂人、狂気の）という語を思い起こすとよい。

ロミオがジュリエットに愛を誓う。ジュリエットは「私への愛を何かに誓って下さい」という。それに対して、ロミオは「あの月にかけて、私の永遠の愛を約束します」といった。だが、ジュリエットはずっと賢かった。「満ちたり欠けたりするこの浮わついた月に、永遠の愛を誓うことなどしないで下さい」。

かなり前に『太陽がいっぱい』という映画があった。そこでは不条理な死や殺人が、太陽が燦々《さんさん》と輝くもとで行われた。暗い月の光のなかで行われるのなら、それほど鮮烈な印象はない。太陽のもと雲一つない青空のなかでそれがなされ、不条理さや異常さが際立《きわだ》つのだ。それだけ、太陽は人間の存在にとって中心的で肯定的なものである。

parasol のところで話したように、sole は太陽。「オーソレミオ」はイタリアのナポリ民謡だが、O sole mio は「私の太陽」の意味である。このイタリアの太陽（sole）が、ターナーやゴッホの絵を根底から変えてしまったし、全ヨーロッパの歴史を塗り替えてしまったのだ。それほど、ヨーロッパの人々にとって「太陽」は崇拝のもとである。ロンドンには太陽崇拝者（sun-worshipper）がいっぱいいる。日本晴れを見慣れている日本人には、彼らが理解できない。

44

古代神話の世界

私は家内と一緒に歩くとき、左に立たないと落ち着かない。これは完全に生理的なものである。しかし、私たちが文化的に把握してきたものは、意外に生理的なものに根差しているかもしれない。

古代ローマ以来、「右側」には神が宿り「左側」には悪霊が宿るという俗信があった。人間が右利きだということによるといわれる。このため、英米では right は太陽・男・未来・幸運・名誉などを表す。ここから、right が「正しい」という意味が派生した。よって、英米では left は不吉や非合法を表す。これでやっと right の「右」と「正しい」がつながった。こんなに重要なことも受験英語では誰も教えてくれない。

日本では「左きき」はきわめて少ないが、英米では多い。日本の母親は小さいうちに右きき（right-handed）に矯正する。英米ではそんなことはしないが、left-handed は awkward（ぎこちない）unskilful（不器用だ）と考えられている。

キリスト教は一神教。God は宇宙の創造主で支配者である。God を『袖珍辞書』は「神」と訳した。キリスト教の概念である god を明治時代に「神」と訳したことによって多くの混乱が生じた。その後、キリスト教にあわせ「天帝、上帝、天主」などの訳語が現れたが定着しなかった。これに対して、日本の神道は多神教である。原始仏教の中心は、神ではなく非人格的な法(存在の在り方)。幕末維新にかけて日本を訪れた英米人は、仏教よりも神道に強い関心を示した。これこそ日本古来の宗教だと考えたからだ。そして、この宗教を Kami-no-michi と呼んだ。Shinto ということばもよく使うが、むしろ英米人にはこの語のほうが理解しやすかった。日本の「神」を深く理解する英米人が現れると、これは単純すぎて宗教とはいえないと主張する者がでてきた。

日本の山には神がいる。山の神だ。日本語の「こだま」は、古く「木魂《こたま》」だった。山の神、山の木の霊が答えて反響すると考えられた。英語の echo は古代の神話に由来する。ギリシャ神話では echo は山林の女精 (nymph) である。ゼウスは浮気を楽しむために、エコーに頼み妻のヘラと長話をさせた。そのことがばれ、ヘラは怒りエコーへの罰として、誰かに話しかけられなければ自分の力では話せないようにした。

45

熊のプーさんは何を追っかけていますか。

「生き物」や animal の語源について考えたい。animal の語源はラテン語の anima だ。これは「空気・息・生命」などを表す。日本語の「生き物」の「生き」も「息」と語源的につながる。この語はもちろんアニメと関連がある。アニメに出てくるものは、生き生きとしていなければならない。

deer（鹿）はもともと「動物」全体を表わすことばだった。ドイツ語の Tier は「動物」の意味だ。さらに、そのもとをたどると「息をするもの」という意味だ。

breath は生命力や霊魂を象徴する。『創世記』には、エホバが土で人の形を作り、その鼻に生の息吹（the breath of life）を吹き込み生命ある人間が生まれたという話がある。また、日本語の「息」も「生きる」と語源的につながっている。

さて、いろいろな動物について考えよう。最初に登場するのは熊。

熊のプーさんはいつも蜂蜜を捜しまわり、蜂に追っかけ回されている。これは絵本のなかの一場面ではない。英米人の頭のなかにある bear のイメージだ。bear といえば、蜂蜜とつながっている。日本人にはそのような連想はまったくない。むしろ、bear の原義が日本人の熊のイメージかもしれない。その原義とは「茶褐色の動物」。何と、bear と brown は同じ語源だ。

蜂蜜は日本人には甘いというイメージしかないが、欧米ではきわめて重要なものである。神々の食物・知恵・雄弁・精神的豊かさなどを表す。また、ハネムーン（honeymoon）というのは、婚礼後の一か月間は新婚夫婦とその親戚は蜂蜜酒だけを飲んだという風習によるものである。「ムーン」（moon）は「マンス」（month）につながり、「メンス」（menses）に至る。

また、bear には（as）cross as a bear = like a bear with a sore head（ひどくふきげんな）という英語表現がある。このように bear には乱暴で行儀が悪くふきげんなイメージが強いが、英米人は子供のころから teddy bear（おもちゃの熊）と遊び熊に対して親しみを感じている。

日本人にもアメリカ人やカナダ人と共通な熊のイメージがある。それは、熊が鮭をくわえ勝ち誇る姿だ。日本では特に北海道の熊のイメージがそうだ。インターネットで、bear と salmon をともに入力し、画像検索をすると、北米地域における熊の雄々《おお》しい姿がいっぱいでてくる。

46

猫といったら、何を思い浮かべますか。

猫はネズミを追っかけるが、好きな食べ物は魚だ。昔の日本の絵本では、猫が魚の骨や鰹節をくわえている絵をよく見かけた。これが日本人の頭のなかにある猫のイメージだ。実際には今の猫はキャットフードを食べているだろうが、連想としては猫は魚だ。では、英米人の cat は何を食べているのだろう。cat はミルクをなめる姿が、一般的なイメージだ。

cat は優雅で誇り高く清潔という連想もあるが、ふつうは魔女の手先で魔性を持つと考えられている。cat を使った表現はよくないものが多い。like a cat on a hot tin roof（いらいらしている）let the cat out of the bag（うっかり秘密をもらす）A cat has nine lives.（猫は九つの命をもっている）これは猫の執念深さを表しているのだろう。そんな執拗な cat でさえ、悩みには勝てない。Care killed the [a] cat.（心配は身の毒）という表現がある。さらに、Curiosity killed the cat. というのもある。『100万回生きたねこ』という子供向けのお話がある。この絵本の作者は日本人だが、英米人がもっている猫のイメージをもとにして書いているのかもしれない。ところが a black cat は幸運のしるしだ。

「招き猫」に悪いイメージはない。中国から来た留学生にこの話をしたら、中国では店先に猫以外に犬も豚も置くという。日本では「猫する」（こっそり盗む）「猫ばば」「猫になる」（おとなしくなる）「猫の逆恨《さか》み」「猫なで声」「猫の目」のようによくないイメージが多い。英語に lead a cat-and-dog life（いつもけんかして暮らす）fight like cats and dogs という表現がある。猫と犬は仲が悪いことになっている。日本では「犬猿の仲」という。

激しい勢いで雨が降るのを日本語では「土砂降りだ」というが、英語では It was raining cats and dogs. ということがある。受験生の時代に覚えさせられたが、なぜかその後小説でも日常会話でもほとんどお目にかかったことがない。この表現は、猫が大雨を、犬が強風を支配する魔力を持っているという北欧の考えから来ているという。

イギリスでは犬は大事にされている。代表的なものは Old English Sheepdog と West Highland White Terrier だ。dog racing にも使われる greyhound もいる。ほっそりとした体形でいかにも俊足な感じだ。bulldog はイギリス人が闘犬用に改良した犬で、イギリス人自身のあだ名でもある。頑固だが勇猛で粘り強い。英米人は dog を人間の最良の友（man's best friend）と考えている。人間と動物とを明確に区別したあと人間に近い扱いをする。このため、犬のしつけは厳しいので人にほえたりかみついたりしない。日本人は犬を縄文時代から飼い、人間に忠実な動物だと考えている。「犬は三日飼えば恩を忘れない」といわれる。

47

賭け事が嫌いな人も、一度は馬が疾走するのを見てください。

馬は日本でも英米でも重要な動物だ。戦闘用・交通の手段・農耕用として実用的価値が高かったからだ。イギリス人にとって、horseは自分たちの好きな競馬・狩猟・乗馬・騎士道とも結びついているので、好ましい連想を伴う。優美・早さ・勇気・寛大の連想があり、エネルギーの象徴である。

horseのもともとの意味は「走る動物、跳ぶもの」。馬は走るものだ。しかし、どんな馬でも速く走れるわけではない。サラブレッドでなければならない。thorough-bredで、徹底的に飼育された馬だ。動物を育てる(breed)のも大変だ。英語の動詞はbreed, bred, bredと活用する。トップブリーダー(breeder)になるには、それなりの知識と経験が必要にちがいない。

英米のhorse racingには華やかな雰囲気がある。イギリスのダービーやアスコットの競馬は女王が開会式に出席したり、上流婦人のファッションショー的華麗さがある。最近では、それが華美になりすぎて抑えようとする動きもある。日本の「競馬」にはそのような華麗さはなく、不健全な娯楽というイメージさえある。イギリスのdog racingに多少そのイメージがあるようだ。最近やっと日本でも競馬の悪いイメージが払拭《ふっしょく》されてきた。賭け事は嫌いという方も、馬が疾走する姿を一度見たら、その華麗さや迫力に圧倒されるにちがいない。

私の見る限りでは、イギリス人には特に障害物競争が人気があるようだ。日本でこの競争を見たこともないが、イギリスのテレビの競馬中継を見ていると、この障害物競争が多い。

「蹄鉄《ていてつ》」は、日本では明治以降に馬のひづめを保護する金具として用いられるようになった。西洋から入ったもので金具としての意味しかないが、英語の horseshoe には特別な意味合いがある。horseshoe は魔よけになるという俗信がある。このため、幸運が入ってくるように家の入り口のドアの上部に打ちつけたりする。

馬肉は色が桜色であることから、日本では「サクラ肉」と呼ばれ、刺身にして食べたりする。しかし、競馬をお払い箱になった馬が馬肉にされると聞くと、なかなか食べる気にはなれない。英米人は horse meat を刺身で食べることはない。

48

牛とロバ

高村光太郎の「牛」は、私たち日本人のなかに牛の確固たるイメージを作り上げた。

牛はのろのろと歩く　牛は野でも山でも道でも川でも
自分の行きたいところへは　まっすぐに行く
牛はただでは飛ばない　ただでは躍らない
（中略）
利口でやさしい眼と　なつこい舌と
かたい爪と　厳粛な二本の角と
愛情に満ちたなき声と　すばらしい筋肉と
正直な涎《よだれ》を持った大きな牛　牛はのろのろと歩く
牛は大地をふみしめて歩く　牛は平凡な大地を歩く

日本の牛は、「牛の歩み」「牛になる」（腹いっぱい食べて横になる）「牛を引く」（なまける）などの表現にみられるように、ゆったりどっしりしたイメージが強い。cow は牛の総称としても用いられるが、雌牛のことである。cow は家畜のなかで最も重要なもので、母性や豊饒の象徴とされる。

雌牛を cow というのに対して、雄牛を bull という。bull は「去勢された雄牛」だ。気が荒く、人を攻撃し、角で突き刺すこともある。a great bull of man といえば「大きく力強い」ことの比喩だ。日本の「牛」の連想は、bull のすさまじさ・力強さというよりもむしろ愚鈍《ぐどん》・忍耐だ。ただし、地方によっては牛を闘わせる日本式「闘牛」もある。

日本語では荒くれ者の競技者のことを「ブルファイター」といったりする。アメリカで用いられている bullfighter は、ブルライダーが bull から降りるときや振り落とされたとき、その暴れている牛の意識を引きつけて、bull rider を逃がす役目をする人達だ。一般的に、闘牛士の意味にもなる。

日本ではロバは童話などに出てくる耳の長いかわいい動物だ。このよい連想を利用して、「ロバのパン」という名で子供や主婦相手にパンを売る者もいる。英米では donkey も ass も、ふつう愚鈍や無知を表す。（as）stubborn as a donkey（ロバのように強情な）（as）stupid as a donkey（ロバのように愚鈍な）make an ass of oneself（ばかなまねをする）という表現がある。

49

神聖なる動物

deer はもともと「動物」「けだもの」の意味だった。イギリスでは鹿が代表的な動物だったことによる。英米では鹿の肉（venison）を食用とし、その皮をバックスキン（雄鹿を buck という）として利用する。キリスト教では鹿は真理の水を求めて生命の泉にいたる魂を表す。日本では、奈良の春日大社のように神鹿《しんろく》として鹿を大切にする伝統がある。だから、馬の肉は食べても鹿の肉はあまり食べない。

古代ギリシャでは、dolphin は海のシンボルで殺すとたたりがあると信じられていた。キリスト教にもこの考えは受け継がれ、復活と救済の象徴となった。このように神聖な動物を日本人が捕獲し食べたりすると、欧米人は野蛮で残忍な行為として日本人を激しく非難する。

インドでは、牛は母親と慕《した》われ大事にされてきた。街中で牛が歩いていたら、通り過ぎるのを待つしかない。インドでは牛の体から出てくるものはすべて活用されてきた。ミルクは毎日飲まれ、尿は薬として利用される。糞は乾燥させ燃料に、殺菌力が強いので壁や床にも塗られた。母親として大事にされる牛を食べるために殺すことはない。

ヨーロッパの人々にはよく知られていることだが、ユダヤ教徒や回教徒はブタを食べない。その理由は、豚は不浄とされるからだ。実際には、豚はきれい好きな動物だ。

昔の日本では、四つ足の動物は食べないが、二つ足ならよいとされていた。二つ足の動物ということは、基本的に鶏を食べていたということだ。確かに、日本人が牛肉を食べるようになったのは明治以降だ。明治初期に「牛鍋」と称して、すき焼きのようなものを食べていた。

西洋の人にとって、犬は生活をともにする仲間。そんな犬を食べるなど想像だにしないだろう。二〇〇八年は北京オリンピックの年だった。中国は開催前から犬を食べないように大々的なキャンペーンを張っていた。成果はどうだっただろう。ロンドンのマスコミ（mass media）が特に取り上げていないところをみると、この面でもうまくいったといえるのだろう。

しかし、イギリス人とて同じようなことをしている。イギリスのある地方でリス（squirrel）が増えすぎ、それを食べているという。ロンドンの公園でみるリスはかわしいし、心がなごむ。こんな小動物を食べておいしいという人がいるのか、信じられない。

モンゴルから来たばかりの相撲取りは、尾頭《おかしら》つきの魚が食べられないという。彼らにとって、魚は常に目をみひらき我々を守ってくれる存在だからだ。これは困った。相撲取りが魚がだめなら、魚のちゃんこや刺身は食べられない。これでは相撲に勝てない。

50

あなたは、お肉を食べますか。

西洋人の肉食に対する基本的な態度は、「すべての動物は人間の食べ物となるために神が創造した」(『創世記』)とする考えだ。肉は西洋料理の中心だ。**meat** は、もとをたどると「食べ物」の意味だった。このことは、**meat and drink**(飲食物)や **green meat**(新鮮な野菜)や **One man's meat is another man's poison.**(ある人にとっての食べ物が別の人には毒になる)などの表現に残っている。日本人は肉がなくても困らないが、西洋人は肉がなくなると生活に脅威を感ずる。肉は毎日の欠かせない食料だ。

西洋料理では動物を生きた形のまま料理することがある。豚の丸焼きは大ごちそうということになっている。血だらけの豚の頭は日本人にはショッキングだ。逆に、日本料理の尾頭つきの焼き魚を見ると、西洋人は食欲が減退してしまうという。

豚は日本人にはぶかっこうで不潔な動物というイメージがあるが、実際は清潔な動物だ。**pig** も英米人に好かれず、貪欲な(greedy)きたない(dirty)ふてくされた(sulky)頑固な(obstinate)人を表す。

肉の呼び名にはイギリスの歴史が隠されている。イギリスは、北ドイツやデンマークあたりから来たアングロサクソン人によって作られた。その後、フランス文化を誇るノルマンディーがイギリスに侵略し、長年統治することとなった。そのため、かなり長い間、支配層はフランス語を話し、一般庶民は英語を話すという状況にあった。このため、料理される肉の名はフランス語で、その動物の名は英語という奇妙な現象が生まれた。

ox, cow	calf（子牛）	sheep	pig, swine, boar	deer
beef,	veal	mutton	pork	venison

キリスト教徒が肉を食べないときがある。カーニバルだ。carnival のもととなるラテン語の意味は「肉から遠ざかる」だ。カトリック教徒が四旬節（Lent）の断食に入る前に行う祭りで、謝肉祭という。断食に入る前くらい大いに飲み食いしようというのだ。もともとはこの四旬節のときに、お肉などを食べるのを控えるということだった。

カーニバルと似た単語で cannibal がある。人を食う人間のことをいう。ハワイを旅行したとき、フィジーなどではこのカニバリズムがかつてあったことを知った。ただし、これは聖なる儀式だ。賢い者、強い者の肉を食べ、自分の体に入れ、そして自らもより賢く強くなるというものである。もし、これが事実なら、そのような風習があったとしても決して不思議ではない。

51

動物園はいくつになっても楽しい。

ロンドンの動物園は世界で最も古い歴史をもち、一八二八年の開園だ。もちろん、動物が人間とともに共存してきた歴史はそれよりもずっと長い。その間に人間はその動物たちに独自のイメージを勝手に押しつけてきた。それはどの文化にも共通する場合もあれば、まったく異なることもある。

猿と monkey はほとんど同じイメージだ。まねをしたり、からかったり、ばかにしたりの連想がある。また、日本語で「猿まね」「ものまね猿」というが、英語では monkey around（ばかなまねをする）というが、猫もまねをすると考えられ copycat という表現もある。

英米の fox はずるいというイメージが強い。as sly [cunning/ wily] as a fox, cunning like a fox（きつねのようにずるい）play the foxy（ずるをきめる、うまくたちまわる）という表現がある。日本のきつねもそうだ。ただ、old fox（古だぬき）fox sleep（タヌキ寝入り）という表現は、日本人のイメージからはタヌキを思わせる。日本のきつねにはもう一つの顔があり、稲荷（rice god）の使いとして崇《あが》められ、美女に変身する。日本では「きつね」は油揚げを好むとされるが、西洋の fox

の好物は鶏だ。

西洋では魔女が hare に化けるとの迷信があるので、野ウサギが道を横切るのは不吉な前兆とされる。日本では「いたちの道切り」といい、イタチが人の前を横切ると不吉だという俗信がある。

らくだと砂漠は日本人にはロマンチックな連想がある。英語国民には camel は砂漠での厳しい生活のイメージがある。乾燥や水不足に強いので camel は ship of the desert といわれる。

ワニは日本人には狂暴だというイメージしかないが、英語では偽善《ぎぜん》や詭弁《きべん》のイメージもある。crocodile は獲物をおびき寄せる時や食べる時に涙を流すという言い伝えから、「そら涙」のことを crocodile tears という。

インドや中国では、亀は大地を背負うとされ、亀が動くと地震が起きるという。日本では、亀は長生きだと考えられている。英語の tortoise は、のろさ・ねばり強さ・怠惰・防護などの象徴。日本では鶴や亀が長寿のしるしだが、英米では象（elephant）が長寿の象徴である。

キリスト教では、鯨のあごは地獄の入り口とみなされた。このため、whale は巨大な海のけだもので悪の象徴となる。日本の漁村では鯨は「エビス」と呼ばれてきた。異郷からの訪問者という連想がある。鯨は四国沖でとれる。このため、アメリカの捕鯨船はこのあたりまで来ていた。その船に助けられたのが、漁にでて漂流したジョン万次郎だ。

52

ライオンと象と二十日鼠

lion は太陽・善・威厳・勇気を表すと同時に、月・残酷・悪も表す。太古の昔より人類はライオンと鷲（eagle）に限りない強さを感じてきた。地を走る王者「ライオン」、空を飛ぶ王者「鷲」。力強さと崇高さのシンボル「ライオン」は英国王室の紋章にも採用されている。プランタジネット朝の創始者ヘンリー二世がライオンの紋章を採用し、リチャード一世が、それまで一頭だったライオンを三頭にしたといわれている。また、サッカー・イングランド代表のマークはこれをもとに、さらにイングランドの国花バラをあしらったものである。

鷲ははえ（fly）と対比され、ライオンはねずみ（mouse）と対比される。イソップにこんな寓話がある。「ライオンはネズミをつかまえて食べようとしました。「お助け下さい。こんな小さなネズミなんておいしくありませんよ。許して下さい。いつか、

イングランドサッカーチームのマーク

あなたのお役に立ちますから」ネズミは震えながら、一生懸命頼みました。ライオンはネズミがかわいそうになり、逃がしてやりました。何日かして、ライオンは猟師につかまってしまいました。ライオンは逃げることができません。ガッカリしていると、あのときのネズミがやってきました。するどい歯でロープをかみ切り、ライオンを助け出しました」。

mouse は西洋の家ねずみで、日本の家ねずみは rat だ。rat はふつう川やどぶにいるが、家に入ることもある。rat は裏切者・卑怯者、mouse は臆病者・小心者のイメージがある。mice（複数形）は小型なので猫でも捕える。そこで When the cat's away, the mice will play.（猫の留守はねずみの代《よ》）ということになる。しかし、mouse は性質が善良ということで非難の意味は含まれない。また、「mouse の好物はチーズだ。一方、日本では「ねずみ」は大黒様のお使いとして尊重されたりして、それほど悪いイメージはない。

英語国民は elephant を賢く記憶力がよい動物と考えている。An elephant never forgets. 嗅覚に優れ、鼻を高く掲げることで遠方より風に乗って運ばれてくる匂いを嗅ぎ取ることができる。聴覚も優れている。低周波音を使って会話しているといわれ、その鳴き声は最長で十キロ先まで届いた例もあるという。日本人はそのからだの大きさや頑丈さから、ものおじしない印象をもっている。ところが、英米では elephant は mouse「二十日ねずみ」（二十日間で生まれる）を怖がるとされている。

53

羊はうつくしい。

「美」という文字の起源については、高校時代の漢文で習った。羊は大きなものほど美しい。「群」という漢字からもわかるように、羊（sheep）は群れ（flock）をなして行動し先導する者によく従う（follow like sheep）。このため「柔順」「内気」「臆病者」「愚鈍」のイメージを伴うが、「無邪気」のイメージもあり親しまれている。ただし、a black sheep は嫌われ者や厄介者の意味だ。

羊飼い（shepherd 羊の番人）と羊の関係は、支配者と人民、牧師と教会の信者たちとの関係を象徴する。このため、キリスト教では、a stray [lost] sheep は「正道を踏みはずした人」、a pastor は「牧夫」から「牧師」、the（Good）Shepherd は「キリスト」を表す。漱石の作品『三四郎』のなかの「ストレー・シープ」は、読者の脳裏を駆け巡る。

日本では「子羊」はおとなしいイメージしかない。英米でも like a lamb（子羊のように）as gentle as a lamb（子羊のようにおとなしい）という表現がある。子羊は従順さと無垢《むく》の象徴とされる。それだけはない。キリスト教では lamb は神へのいけにえであり、キリスト自身も the lamb of God と呼ばれたりする。

二〇〇八年、バースへ行く途中、いかにもイギリス的なすばらしい牧草地に羊がいるのを見かけた。今でもイギリスでは多くの羊を飼育している。ガイドの日本女性が説明を加えた。「現在では羊毛を取るために飼っているわけではありません。子羊を生ませ、それを食べるためです」。目の前の田園風景が、一気に現実の世界となってしまった。

羊とよく似た動物がヤギだ。よく似ているので、漢字でも「山羊」と書く。日本人には「やぎのひげ」「メーメー子やぎ」のように親しみある動物だ。ヤギが紙を食べる姿を見て、ほほえましいと思う人も多いだろう。英語の goat は sheep よりも悪いイメージが強く、悪人・罪・頑固・好色を表す。聖書のマタイ伝に separate the sheep from the goats という表現があることにもよる。「羊と山羊を区別する」とは「善人と悪人を見きわめる」という意味だ。西洋では羊と山羊の区別が問題である。日本では、鹿と馬の区別が問題だ。その区別ができない人間を日本では馬鹿と呼んでいる。

日本語の「うつくしい」には「いつくし」(小さくてかわいい)の意味がある。『枕草子』に次のことばがある。「なにもなにも、ちひさきものみなうつくし」。これに対して、英語の beautiful には、むしろ「大きく力強い」の意味が含まれる。これは美意識の問題かもしれない。ミヤコワスレや昔乙女のような可憐でささやかな花をよしとするか、カトレアやユリのような豪華な花をすばらしいと思うかのちがいだ。

54

英米人に嫌われている昆虫、好かれている昆虫

私が初めて英語教諭として赴任したのは僻地の農業高校だった。新任の教師が名古屋から来たというので、私に歓迎の品をくれた。おにぎりだ。よく見ると、なかに何か入っている。蜂の子だ。ぎょっとして思わず、そのおにぎりを落としてしまった。土地の人はへぼ飯と呼んで珍重している。イナゴの佃煮《つくだに》くらいなら食べられるが、これは都会育ちの私には無理だ。日本人は昆虫を食べないが、東南アジアの国々では昆虫は立派な蛋白源だ。

日本人はとんぼ取りをしたり「夕やけ小やけの赤とんぼ」と歌ったり、とんぼに親しみを感じている。ところが、英米では子供がとんぼ取りに夢中になることはない。dragonfly は西洋では小悪魔と見られ、人を刺すと恐れられている。また、butterfly は魂を表す。死者の魂がその死体の上をひらひら舞うのが見られるときには幸福のしるしだと民間に伝承されている。このイメージには「ちょうちょ」よりも「てふてふ」があっている。

英語の beetle は広く甲虫類をさすが、どちらかというと害虫だ。暗黒や死のイメージさえある。日本の「かぶと虫」がもっている力強さや親しみのイメージはまったくない。英米でも日

本でも嫌われている昆虫は cockroach だ。この語源ははっきりしないが、日本語の「ごきぶり」は「御器噛《ごきぶり》」（食器をかじる）が変化したものである。このごきぶり、核戦争が起きたあとも生き残れるというから、侮《あなど》れない。

英語国民は昆虫嫌いの人が多いが、ladybird（米 ladybug）は愛らしい色や姿で好感をもって見られている。あぶら虫を食べる益虫で一般的に歓迎されているし、人間に欠くべからざる火と関連する。このため、ladybird を殺すのは不吉だとされる。うっかり殺したときには、次の呪文を唱えるとよい。Ladybird, ladybird, fly away home: your house is on fire and your children are gone.（てんとう虫さん、てんとう虫さん、急いでお家へお帰りなさいな、あなたのお家は火事で子供たちはいなくなってしまったのよ）てんとう虫の「てんとう」（天道）は太陽のことだ。このように、日英ともに好かれている虫である。

忙しいことのたとえとして、日本語では「猫の手も借りたい」というが、英語では as busy as a bee（蜂のように忙しい）という。同じ子音 b が語頭で繰り返され、この表現にはリズムがある。蜜蜂は小さな翼をもった神の召使で、シシとともに天国に入ることが許されている。蜂は人間に蜜を提供するということで、欧米の文化においてはきわめて重要である。しかし、日本では「蜂が刺す」「蜂の巣」「泣きっ面に蜂」という表現に見られるようにけむたがられている。

55

昼の鳥、ひばり

日本人は鳥や虫の鳴き声を楽しむ。西洋では小鳥を親しみ深いものと考える傾向が強い。鳴き声を楽しむだけでなく、野鳥の生態などの観察を趣味とする人（bird watcher, bird-watcher）も多い。私のように回りの自然に鈍感な人間でも、異国の地で鳥が目にとまることはある。二十代半ばで初めてアメリカに行き、オレゴンの家の庭先で見たハミングバード（humming bird）は実に印象的だ。スズメよりも一回り小ぶりで、ハミングするような羽音は忘れられない。イギリスでみた駒鳥もすてきだ。スズメ（sparrow）と同じくらいだが胸に赤い羽毛《うもう》があるだけで、スズメよりも数段かわいい。**robin redbreast** または単に **robin, redbreast** ともいう。人を恐れることなく、人家の近くにも住み、人の手から餌《えさ》を取ることもある。美しい鳴き声とおとなしい習性で、イギリス人に愛される小鳥の一つで英国の国鳥だ。

ひばり（lark）は夜明けとともに鳴くので、**rise with the lark**（早起きする）という表現がある。ひばりは夜明けと昼の鳥で、夜鳥のふくろうと対比される。**skylark** は空を高く飛ぶ鳥の意味だ。これから英米人は歓喜や快活を連想するが、日本人はその鳴き声からのどかな田園を連想する。

日本語の「ひばり」は「日晴《ひはる》」からきている。空が晴れると、飛び上がる鳥だからだ。

日本で春の先触れはうぐいす（nightingale）。明治の英語文献にも uguisu はよく出てくる。英米で夏の先触れは cuckoo だ。イギリスでは四月中旬にさかんに鳴き始めるので、その声を楽しみに待つ人も多い。しかし、cuckoo のイメージは悪い。「気の狂った」の意味だ。この鳥の習性として他の鳥の巣に卵を産み、その鳥に子供を育ててもらうので、a cuckoo in the nest は「侵入者」の意味にもなる。日本語の「ホトトギス」にそのような悪い意味合いはない。cuckoo clock と英語でいうが、日本では「はと時計」となる。また、「はと胸」は pigeon breast (chest), chicken breast という。また、夏の象徴である swallow は速さを表す。One swallow does not make a summer.（ツバメが一羽来ても夏にはならない［物事の一部を見て全体を判断してはいけない］）ということわざもある。

duck は英米人に親しまれている水鳥だ。ディズニーの漫画の主人公にアヒルのドナルド・ダックがいる。おしゃべりで怒りっぽいが、へまで愛すべきやつだ。また、童話に「みにくいアヒルの子」（Ugly Duckling）という話がある。みんなにばかにされるが、最後には美しい白鳥（swan）になる。アジア特産のおしどりは英語で mandarin duck という。日本語の「おしどり夫婦」は仲のよいことの譬《たと》えだ。また、英米の peacock は誇り高い動物の代表で as proud as a peacock（大得意で）という表現がある。現世の栄華や不滅性を象徴するが、民間の伝承としては縁起が悪い。

56

夜の鳥、ふくろう

「ふくろう」は日本人に夜の鳥くらいのイメージしかない。夜行性で奇妙な声で鳴く。その泣き声から owl という擬音語が生まれた。howl（吠える）と同じ語源だ。

絵本を思い出していただきたい。表紙にふくろうが大きく描かれている。大きなメガネをかけ、角帽をかぶり、ガウンを着た年寄りのふくろうだ。これはこの絵本作家が考えた owl のイメージではない。欧米人が連想する owl そのものだ。

ギリシャ・ローマ以来、owl は英知や知恵や学問の象徴である。暗闇に住み死の連想があるが、そこから先祖の予言能力をもつとされる。人が寝静まってからの研究や学問を、そして英知を表すようになった。

黒い crow は、特に断りがなければイギリスでは carrion crow をさす。日本のふつうのからすと同じだが、

wise owl

アメリカにはこの種類はいない。この名称は腐肉（carrion）を食べる習性からつけられた。英語では死や暗黒の連想だけでなく長寿のイメージもある。crowを使った数え唄があるくらいだから、それほど嫌われてはいない。One for sorrow, two for mirth（陽気）,/ Three for a wedding, four for a birth,/ Five for silver, six for gold,/ Seven for a secret not to be told. 日本ではその色や耳ざわりな泣き声のため、からすが鳴くのは人の不幸や死の前兆とされ、都会では嫌われ者だ。

街中にいる鳥では、からすよりも鳩のほうがまだましだ。日本の鳩は「平和の象徴」。しかし、英語の鳩は必ずしもそうではない。英語ではpigeonとdove（少し小型のもの）がイメージの面で厳密に区別されている。平和の象徴というのはdoveで、pigeonは「空を飛ぶネズミ」のような汚いイメージだ。実際の鳩をみてpigeonとdoveを区別できるわけではない。日本語の政治用語で「ハト派」というのがある。それは当然、doveになる。pigeonは信用詐欺（米confidence game, 英trick）の標的になるような人物のことだ。

鳩よりも重要な鳥が鶴だ。日本や中国では天と地の仲介者であり、鶴は不老不死の象徴。西洋でもcraneは長命や不死そして飛翔《ひしょう》（高く飛ぶこと）を表すが、日本ほど重要な動物ではない。語源的にはcraneは「しわがれた声で鳴く」に由来する。またcraneとberryがくっついてcranberryが生まれた。鶴のクチバシとこの植物のおしべの形が似ていることによると考えられている。蛇足ながら、鶴のような格好で作業をする起重機をクレーンという。

57

鳥とゴルフ

ゴルフの聖地はスコットランドのセイント・アンドリュースだ。なぜ、ここからゴルフというスポーツが生まれたのだろう。一つの大きな理由は気候だ。スコットランドはイングランド以上に気候がよくない。気温が低い、雨が少ない。そんな気象条件のもとで、草木は日本のように伸びすぎることはない。ここでは、芝が適度に繁茂する。

ゴルフに「鳥」が現われたのは一九〇三年。誰も破れなかったロングホールのパー（標準打数）を、米国のアマチュア選手が破った。打ったボールはまるで小鳥が飛んでいるように見え、仲間が That's a bird! と叫んだのが始まりとされる。さらに少ないスコアが出て、小鳥よりも大きくまたアメリカの国章にも使われている「イーグル」がそのスコアに使われた。一九二一年の英米アマチュア国際対抗試合で、パーより三つ少ない前代未聞のスコアが出た。当時の軍艦にイーグル号より大きなアルバトロス号というのがあって、それにちなんで命名したという。

バーディー（birdie）というのはかわいい小鳥のことだ。バーディーなら素人でもまぐれで取れるかもしれないが、イーグルはそんなわけにはいかない。西洋では、鷲の鋭い目（eagle eye）

は開いたままで太陽を直視できるという。それができないひなは、親に捨てられるという言い伝えがある。虎はわが子を断崖から突き落とすという中国の伝説を思い起こさせる。白頭鷲(bald eagle)は、アメリカの国章で怖いものなしの勇者だ。また、双頭(二つの頭)の鷲は多くの国の紋章として使われている。

albatross は長時間の飛行に耐えるので、悪天候を予言すると信じられてきた。また、死んだ船員の霊として恐れられている。英語では俗に gooney bird(ばかな鳥)と呼ばれる。日本でも「あほうどり」と呼ばれる。そのわけは、陸上では動作がのろく簡単につかまるからだ。失礼。アルバトロスをばかにすると、コーリッジ(S. T. Coleridge 1772-1834)の詩のように、不吉なことが起きるかもしれないからこの辺にしておこう。

のろまな鳥(?)なら、コウモリも取り上げよう。(as) blind as a bat(まったく目が見えない)have bats in the [one's] belfry(頭がどうかしている)という表現にみられるように、英語の bat は盲目・恐怖・魔女などを表す。鳥か獣かわからぬというお話のせいか、日本ではあまりよくみられていない。しかし、中国や朝鮮ではコウモリはめでたいものとされている。韓国へ行くと、おみやげものにコウモリの絵柄がついたものがいろいろある。しかし、日本人のコウモリに対する印象は悪いので、その柄がコウモリだと気がつかない人も多い。

58

人の感情と色

日本語で「色に出る」という表現がある。人の感情が表に出てしまうことだ。『広辞苑』によると「色を作る」という表現もある。化粧のことだ。化粧とは色が出るのを恐れ色を作ったのかもしれない。

色彩感覚は文化によって決まる。例えば、日本人は虹を七色だと思っている。そう教えられただけで、数えたわけでもない。虹を七色で描こうとすると、うまく描けない。英語国民は rainbow を六色（内側から violet, blue, green, yellow, orange, red）だと考えている。また、虹はノアの洪水のあと神が再び洪水を起こさないと人間に約束した契約のしるしだと思われている。

色の区切り方や意味は文化や民族によって異なると、私たちは大学生のころ教えられた。しかし、最近の研究は少しちがう。確かに文化や民族によって色の切り方は異なるが、まったくでたらめといえるほどちがっているわけではない。色の切り方に関する原理というか原則のようなものが人間のなかに内在しているという。こうなると、話はおもしろくなる。

西洋で高貴な色といえば purple だ。be born in the purple（高貴の生まれだ）be raised to the purple（枢機卿《すうききょう》となる）という表現がある。これはかつて高貴な人々がpurpleの衣装を身につけていたことによる。日本でも紫は王朝貴族の色だ。ところが、中国では事情が異なる。

英米では、怒りはふつう赤（red with anger）で表されるが黒も用いられる。look black（怒っているように見える）a black look（険悪な顔）のような表現がある。日本語では赤と青が用いられる。「真っ赤になって怒る」「青筋を立てる」など。日本語の「赤」は「明るい」からきているようだ。

英米では、yellowは嫉妬・臆病・移り気など、色のなかで最も悪いイメージをもっている。一説には、キリストを裏切ったユダの服が黄色だったためだという。また、軽蔑的に東洋人を表す場合にも用いられる。日本でも黄色は悪い意味合いで用いられることが多いが、中国では高貴な色だ。

greenを「青い」と訳すことがある。a green apple（青りんご）the green light（青信号）green vegetables（青野菜）など。八百屋は「青屋《あおや》」がなまった。英語の語源も同じで、greengrocery（青い野菜の食料店）だ。イギリスではgreengrocer's shopということが多い。

英語のgreenは日本語と同じように若さや生命とともに未熟さの意味がある。He lives to a green old age.（老いてなお元気に生きている）He is as green as grass.（彼はまったくの青二才だ）などの表現がある。ところが、英語のgreen with envy [jealousy]は「ねたましい、嫉妬して」を意味し、green eyed monster（緑眼の化け物）は嫉妬を表象する。

59

私の好きなことば、青雲の志

青雲の志をもって、アメリカやイギリスへ行った。四十歳を過ぎてアメリカの大学院に入った。また、五十近くになって、イギリスの大学で博士課程の学生として学んだ。一年間ではあったが、三十歳前後の若者と人生や学問について語り、楽しい留学生活だった。学生というのは本当にいい。お互いに利害関係は一切ないので、純粋につきあえる。

アメリカの大学に入るときに、準備しなければならない書類の多さに驚いた。身体に関する質問のなかに目の色（color of eyes）を記す項目があった。身分証明書・運転免許証をもらうときや就職のときなどにも、所定の書式に目の色の記入を要求される。アメリカ人なら青い目が多いが、私の色は何色だ。black eyes などと書いたら、だめだ。blue（青）green（緑）gray（灰色）brown（ちゃ色）hazel（うすちゃ色）dark（黒）などの色がある。同時に、髪の色（color of hair）も記入しなければならないことがある。髪の色には、blond(e)（金髪）red（赤毛）chestnut（くり色）brown（ちゃ色）brunet(te)（濃褐色）black（黒色）などがある。

二〇〇九年三月、ナショナルギャラリーで催されていたピカソの絵画展を見に行った。私は、彼の青の時代の作品が好きだ。親友カサヘマスの自殺にショックを受け、プロシア青（青色無機顔料）を基調として、軽業師、アルルカン（道化役者）、売春婦、乞食、芸術家などを描いた。この青の時代があるからこそ、次のバラ色やキュービズムの時代があるのだ。

日本語の青は、「青空」「青二才」「青春」「青雲の志」の表現にみられるように、未経験だが明るい未来があることを含意する。「若く明るい　歌声に　雪崩《なだれ》は消える　花も咲く／青い山脈雪割り桜　空の果て　今日も我らの　夢を呼ぶ／古い上着よ　さようなら　さみしい夢よ　さようなら／青い山脈　バラ色夢に　憧れの　旅の乙女に　鳥も鳴く／（中略）／父も夢見た　母も見た　旅路のはての　その果ての／青い山脈　みどりの谷へ　旅をゆく　若い我らに　鐘が鳴る」（西条八十）戦後生まれの我々は、みなこの歌を歌って育った。

また、日本語には「（病気などで）青白い」とか「（恐怖などで）真っ青だ」という表現がある。英語ではそれぞれ pale と white を使う。英語の blue には天・無限の空間・真実などのプラスのイメージもあるが、憂鬱《ゆううつ》などマイナスのイメージが強い。feel blue（気がふさぐ）look blue（気分が悪そうだ）blue Monday（憂鬱な月曜日）blue-sky ideas（非現実的な考え）などの表現がある。また、日本では「月が青い」という表現を用いるが、英語で once in a blue moon というと「めったにない」という意味だ。

60 白黒の世界

一九六〇年は日本人にとって、白黒をつけなければならない年だった。安保改定の年だ。日本中がその議論で渦まいた。その数年前から、学生や労働者を中心に運動は盛り上がりをみせていた。その時に謳《うた》われた歌が「黒い花びら」だ。その歌詞は鮮烈だった。黒い花びら　静かに散った　あの人は　帰らぬ遠い夢　俺は知ってる　恋の悲しさ　恋の苦しさ…。時代背景を考えるならば、この歌が好んで歌われた理由《わけ》がわかる。しかし、あのネアカの永六輔《えいろくすけ》がこの曲を作詞したというのは、どう考えても理解できない。

日本語と同じく、black は不吉・死・敗北・違反・無知など悪いイメージ（symbolism）が強い。これに対抗して、黒人から Black is beautiful. という考えが生まれた。これも一九六〇年頃だ。今や black は黒人によって人種的誇りを込めて使われる。キング牧師を中心とするアメリカ公民権運動が華やかだった時代から半世紀して、アメリカでは黒人の大統領が誕生した。

「彼は色が黒い」を He is black. としたら、「彼は黒人だ」という意味になってしまう。He is dark. また、「彼女は黒い目をしている」を She has black eyes. としたら、けんかで目の回りが青黒いあざになっていることをいう。She has dark eyes. としなければならない。

白は、日本も英米も基本的にきわめて良いイメージの色だ。ただし、このようにイメージの研究を進めれば進めるほど、それとは正反対のイメージが存在することがわかってくる。日本の白だって、自白、白状、白痴など悪い連想のことばもある。

英語の white は純潔や潔白や真実をあらわす。white lie（罪のないうそ）white day（吉日）などの表現がある。その反対に、turn white（真っ青になる）white flag（白旗）のように、恐怖や降参も表す。

アメリカの社会にはWASPの条件を満たしていないと国家的要職にはつけないという伝統が二十世紀の前半頃まであった。Wとは white（白人）、ASとは Anglo-Saxon（アングロサクソン系の人種）、Pとは Protestant（プロテスタント特に清教徒）だ。アメリカには白い肌の黒人がいて、やはり差別されてきたということを、英語を学ぶ私たちは深く心に刻まなければならない。二〇〇九年、オバマの登場でアメリカの歴史は完全に書きかえられた。同時に、日本も大きく変わろうとしている。

白い雪におおわれたロンドンのハイド・パーク

61

カメラの内側

私が若かったころ、一眼レフのカメラをもっていることは一人前の男の証しだった。そして、競って高級カメラを購入した。私はニコンのFEを買った。望遠レンズなども揃えた。そのころはもちろん白黒の時代だ。そして、カラーの時代に突入した。初期のカラーは自然な色でなかったこともあるが、白黒の世界は落ち着き奥深く重厚だった。そのカメラを持ってアメリカへ行った。回りのアメリカ人から「ナイコン、ナイコン」といって羨《うらや》ましがられた。

カメラ（camera）は箱（chamber）の意味だ。初期のカメラが大きな箱に小さなレンズがついていたことを思い起こして欲しい。ただし、chamberの本来の意味は多少ちがっていて、丸天井のある部屋のことだ。日本でも「商工会議所」の表玄関にはChambers of Commerceの英語表記が見られる。

日本語では写真家のことを「カメラマン」というが、英語のcameramanは映画やテレビの撮影技師のことだ。写真家は、英語でphotographerという。

写真を撮ったら、アルバムが必要だ。albumの語源はラテン語のalbum, albusだ。これは、白や空白の意味をあらわす。すなわち、何も貼ってない空白の状態をさす。同じ語源の語にalbumin（たん白質）albumen（卵白）がある。

デジタルカメラ（digital camera）になった。写真は薄っぺらで、色も自然でない。しかし、デジタルカメラになってうれしいことは、フィルム（film）やアルバムが不必要になったことだ。これまで撮った写真のフィルムは捨てるに捨てられず、机の引き出しの一角に何十年とある。

デジタルの時代になった今でも、ヨーロッパの観光地で見られる一眼レフカメラ（single-lens reflex camera）の多くはニコンかキヤノンだ。これまで日本はカメラや電化製品や車など「もの作りの国」だった。そして、これからも日本人はそれを誇りとし、ものを作る技を磨かなければならない。そういう立派で確かなものを作る国として他の国々から尊敬されれば、それだけで日本としてはもう十分だ。

もの作りの国は強い。フランスやアメリカは農産物を作っている。ところが、イギリスは何も作っていないといってもよいほどだ。産業革命発祥の地が、もの作りを忘れ、金融や武器の売買や観光や英語教育だけで生きているのは寂しい限りだ。二〇〇八年の不況でそのことが明白になった。年末には一ポンドと一ユーロがほぼ同じ価値になってしまった。

62

金と銀

金銭とは無縁な教員生活四十年だった。私たちの時代は金がなくても楽しかった。学生時代も金はなかったが、アルバイトなどやりたいと思わなかった。アルバイトをやらないと、時間をもてあましてしまう。小人閑居《かんきょ》して不善をなすというが、やることもないので本を読む。本ならどれだけでも図書館にある。英米文学では劇を好んで読んだ。特にオニールが好きだった。哲学書も、専門書も読んだ。

gold は富や権力の象徴だけでなく、幸福や喜びの色だ。また、完全さや純潔のシンボルでもあり、heart of gold（純真な心）as good as gold（おとなしい、やさしい）のような表現がある。ところが、日本人にとって、純真な心は白だ、おとなしいのも白だ。

golden は金でできているという場合もあるが、比喩的に用いられることがほとんどだ。the golden age（黄金時代）the golden rule（黄金律）golden wedding（金婚式）Golden Bough（黄金の枝）the Golden Gate（サンフランシスコの金門橋）golden goose（イソップの金の卵を生んだガチョウ）golden handshake（重役などへの多額の退職金）golden opportunity（絶好の機会）golden remedy（妙薬）など。

「ゴールデン・ボーイ」（golden boy）「ゴールデン・トライアングル」（Golden Triangle）は正しい英語だが、「ゴールデン・タイム」「ゴールデン・ウィーク」「ゴールデン・アワー」はすべて和製英語だ。最後の例は次のように表現する。That program will be broadcast at the prime time tonight.（その番組は今晩のゴールデンアワーに放送されます）

日本では、銀は白金《しろがね》ともいい、いぶし銀のしぶい輝きは日本人好みとされる。silver の輝きは西洋人には月の光を連想されるため、silver [silvery] moon という表現が使われる。また、銀には超自然的な力があると信じられているため、魔女と戦う際には銀製の武器が必要となる。また、金持ちの家に生まれることを英語では be born with a silver spoon in one's mouth という。これは、十七〜十八世紀ころ、洗礼の際に教父が金持ちの新生児には銀のさじを与えたことによる。銀製のスプーンやナイフやフォークは手入れが大変だ。すぐに錆《さび》が出る。そういえば、韓国の王宮では試食に必ず銀の箸が使われた。毒がもられていたら、銀が腐食するからだ。

63

身体に関することば

身体のいろいろな部分には、それぞれの連想がある。英米人は驚いたときに手を口に当てる(put one's hand to one's mouth)。同じようなしぐさを日本の女性は笑うときにする。英語国民には子供じみたしぐさと感じられ、不快感を与えたり、奇妙にみえる。

日本語の「首」は英語の neck とは一致しない。日本語の「首を縦にふる」「首を横にふる」「首をかしげる」は、英語では neck を使わず head を用いて表現する。nod one's head, shake one's head, incline one's head とする。

shoulder は日本語の「肩」だけでなく肩甲骨を含む背中の上部をさす。shoulders と複数形にすると、ものを背負う部分と考えられる。このため、a man with broad shoulders (肩幅の広い、大きな背中の人) は「重荷や責任に耐えられる人」の意味になる。shrug one's shoulders は、肩をすくめ両手を少し上げ、手のひらを相手に見えるようにする動作をさす。「処置なしだ」「知りませんよ」「参った」「困った」などの意味を表す。最近の日本人はほとんど同じ意味合いで「肩をすくめる」。英語では、願いごとが叶うように次のように願をかける。I made a wish, looking up at the moon over the left shoulder. Star light, star bright,/ Here's the wish I wish tonight. ここにも shoulder が登場する。

"I'm bored." をジェスチャーで表現するには、両手を組んで両方の親指をひねくり回す。日本人なら、しかめ面をして頭を軽く横に振ったり、肩を少し落としてあごを出しぎみにして「もう、うんざりだ」というだろう。

西洋では belly は食欲や大食を表す。腹を破裂させてしまったイソップの蛙の話が思い浮かぶだろう。日本を含め東洋では「腹」は生命の中心であり、知・情・意をつかさどる場所である。「腹がたつ」「腹痛い」（おかしくてたまらない）「腹を探る」（人の心をうかがう）「腹が太い」（度量がある）などの表現がある。「腹わたが煮えくりかえる」という表現があるが、英語にも fire in one's [the] belly という似た表現がある。この英語表現は、何かを成し遂げたいという強い意欲を表す。

lap はひざそのものではなく、椅子にかけたときのひざから腰までの部分をさす。lap は比喩的に、人が育てられる暖かい環境を表す。in the lap of luxury (fortune)「金運（幸運）に恵まれて」という表現がある。日本語の「子供をひざの上にのせる」はイメージ的にこの lap という語にぴったりだ。若い人たちには laptop という語のほうがおなじみだ。ひざにのせる型のコンピュータに使う。

64

「心」と heart, mind

mind も heart も日本語では「心」になる。両者のちがいは、mind が理知で heart が感情。前者が頭脳の働きを表し、後者が心臓の動きを表す。

mind は『袖珍辞書』では「志、欲、説、記臆、智恵、意、思ヒ」の訳語が見られる。これに対して、heart は「心、勢、朋友、心臓」とある。心臓は血を全身に送り、情緒的な作用と直結する。このため、明治初期の辞書では heart に「胆力」などの訳語が見られる。そして明治の末ころから「ハート」が出てくる。これはトランプの「ハート」だ。

日本語の「こころ」の語源も、ハートと同じように本来は心臓そのものをさしていたと考えられる。それが、意識や感情の主体としての「こころ」に変わっていった。そのこころを試《ため》すのが「試みる」で、こころの指すものが「志し」。

「暗唱」は頭で覚えるのだから、by mind でよいと思う。そう簡単に問屋は卸してくれない。by heart を用いる。これはいろいろな表現で用いられる。get ~ by heart, have ~ by heart, know ~ by heart, learn ~ by heart（暗記する）say ~ by heart（そらで言う）repeat ~ by heart（そらで繰

り返す）

mind は動詞としても用いる。この語は私の苦手な語の一つだ。mind は「気にする」という意味である。Do you mind my smoking?（私がたばこを吸うことを気にされますか）という問いに対して、吸ってもいいですよならば No. と答える。問題は、吸って欲しくないときだ。Yes, I do. といったら、「やめてくれ」という強い口調になってしまう。遠回しに I'd rather you didn't（smoke now）, if you don't mind. という。ただ、これが日本人には難しい。この動詞の目的語が文脈から理解できる場合には、代名詞を伴わない。"Do you mind waiting a few minutes?" "No, I don't mind." やはり、かなり気にかかる単語である。

逆に、英米人にとってとても気になる日本語表現の一つが「はい、ありません」のようだ。彼らとしては、「はい」といったら、次に来るのは「あります」しかありえないのだろう。私が日本語を教えていたイギリス人は、私の質問に対していつも「はい…」と答えていた。時たま、「いいえ」でしょと思うことはあったが、ほとんどの場合「はい」で問題はない。ということは、「はい」は単に相手の質問に対して反応していますにすぎない間投詞ということだ。

65

「顔」と head, forehead, face, neck

英語の head は、顔を含んで首から上の部分をさす。日本語の「頭」はふつう首を含めない。また、顔を含めないこともある。このちがいのため、日本語の「首」や「顔」を英語で head とすることがある。nod one's head（首を縦にふる）shake one's head（首を横にふる）hold up one's head（首をまっすぐに起こす）日本語では「窓から顔を出さないように」というが、英語では face は使わず Don't put your head out of the window. という。

実は、この head のもとの意味は「コップや鉢の形をしたもの」で、もとの形は kaput だと推測されている。これはオランダ語の kop とつながりがある。また、英語の cap（帽子）cup（カップ）はここから生まれた。これはさらに captain, capital（首都、頭文字、頭金）へとつながる。

The master seldom shows his face in the store.（主人は店にめったに顔を出さない）は、日英がそのまま同じ例である。顔は人間の身体の一部に過ぎないが、外に出ていて、ことばを発する口があり、口ほどにものをいう目があるので、いろいろな意味が含まれたり、比喩的に用いられたりする。そうすると、日英で含意が異なることがある。「顔を立てる」「顔が立たない」という場合、「顔」はめんつや面目の意味である。英語にも save face（めんつを保つ）lose face（めんつを失う）という表現がある。日英とも中国語を翻訳したものだといわれている。「顔が広い」は直訳しても通じない。have a lot of acquaintances, know a lot of people などに言い換える。

日本語に「面長」（長い顔）という表現がある、これをそのまま英語にして have a long face という。ただ、この英語表現にはまったくちがった「ふきげんな浮かない顔」という意味もある。「浮かない顔をする」は pull [put on/ make/ draw/ wear] a long face といろいろな動詞を使う。

日本語の「ひたい」はもともと「日のあたるところ」の意味である。このため、日本では額の広い人は世間が広い・運がよい・気がよいなどといわれている。英語の forehead は頭の前の部分の意味である。forehead は知識や知恵や感情の現れる場所で、広い額は英知のしるしだ。

日本語の「えくぼ」は「笑窪《えくぼ》」から生まれ、愛嬌やかわいらしさ（特に女性）のしるしとみなされる。女性を好きになると「あばたもえくぼ」。「あばた」はもともと疱瘡《とうそう》が直ったあとに残った跡のことだが、その語は古代インドのサンスクリット語から来ている。室町時代の歌に「あばたの中へ身をなげばやと思へど底のじゃ（蛇、邪）がこわい」というのがある。男性諸君はえくぼに注意。英語国民の dimple も同様に「くぼみ」が語源だ。神様が指先で愛情をこめて押した跡で縁起がよいと考える人もおれば、悪魔の指先の跡だと考える人もいる。

66

人間の顔（あご、口、鼻）

日本語には「りんごのような頬」「頬を染める」という表現があるように、「頬」は若々しいイメージが強い。英語には rosy cheeks という表現がある。血色がよい頬という意味があるだけでなく、口語で「厚顔、生意気」の意味もある。

あご骨のある部分を jaw という。上あご（the upper jaw）と下あご（the lower jaw）に分かれるので、英語ではしばしば jaws と複数形になる。A strong square jaw is a sign of firm character.（しっかりした角張ったあごは確固たる人格のしるしだ）これに対して、chin は口から下の張り出した部分をさす。日本語の「あご」は、chin というよりも lower jaw をさすことが多い。

日本語の「あごを出す」は疲れはてた状態を表す。英語の thrust one's chin out, stick [push] out one's chin は、反抗・挑戦・自己主張などを表す。英語国民には chin は自己主張や意志の宿る場所で、take it on the chin（批判や困難を果敢に受け入れる）という表現もある。ボクシングはこの chin を攻める。英語の rub [stroke] one's chin, scratch one's jaw という表現は、あごをなでる「かく」しぐさをさす。これは考えごとをするときの（特に男性の）しぐさだ。また、不安なときにもこのジェスチャーをする。これに対して、日本語の「あごをなでる」は得意になっている様子を表す。よく似たしぐさだが、当の本人の顔を見れば、不安なのか得意げなのかは一目瞭然だ。

英語の grit one's teeth は日本語の「歯を食いしばる」に近い。痛みなどをこらえるしぐさだ。clench [set] one's teeth は、「歯を食いしばる」と動作は似ているが、意味合いは異なる。英語のほうは相手に対する怒りや一大決心を表す。また、show one's teeth は、日本語と同じように「(笑顔のときに)歯を見せる」「歯をむき出す」の意味である。

nose を用いた次の英語表現は、日本語では身体の他の部分で表す。The book I was looking for was right under my very nose.(私が探していた本はほんの目の前にあった)She always sticks [thrusts] her nose in other people's business.(彼女はいつも他人のことに口を出す)The boss turns his nose up at them.(社長は従業員をあごであしらう、鼻であしらう)

日本人は顔の美醜に関係して鼻の高さを問題にする。日本語の「高い鼻」「低い鼻」を、そのまま英語で ×a high nose, ×a low nose といってはいけない。a long [large/ prominent] nose や a short [small/ flat] nose という。また、日本語では自慢することを「鼻を高くする」という。「彼らは息子が医者になったので鼻を高くしている」は英語で次のようになる。They are proud that their son has become a doctor.

67

うなじから腰にかけての美しさ

日本人女性の美しさは、身体の後ろの部分にあるようだ。うなじから、なだらかな肩、腰にかけてのゆるやかな線、そしてくびれた腰からおしりの柔らかさ。特に浮世絵の中の女性にはこんな姿が多く見られる。一方、西洋の女性の美しさは、豊満な胸を中心とする身体の前面だ。少し暖かいと、ヨーロッパの女性は老いも若きも胸のあいた服を着たがる。日本人の感覚からすると醜いと思われるほどだが、それは数千年と培《つちか》われてきた美意識なのかもしれない。

日本人は女性の襟足《えりあし》（首の後ろ側で服のえりがあたるところ）の美しさに惹かれる。京都の舞妓さんの化粧を見ると、日本人の美意識が如実に表れている。欧米では襟足は女性のチャームポイントとは考えられていない。欧米では、むしろ neckline（胸元で服のえりによってできる線）あたりがチャームポイントで、ネックレス（necklace）で飾る。だから、冬になると、あけた胸を寒さから守るために、マフラー（muffler）やスカーフ（scarf）は欧米の女性にとって欠かせない。

breast は胸の表面をさすが、「女性の乳房」を連想させるのでこの語はあまり使われない。男性の胸をさす場合には chest が使われる。日本語の「胸」は、前面や表面というよりむしろその内面に注意が向けられる。日本語で「胸を張る」というが、身振りよりも心構えを表すことが多い。自慢や自信（過剰）のポーズだ。このため、「胸がいっぱいになる」（one's heart is full）「胸に浮かぶ」（come to one's mind）のように breast や chest で表現できない例も多い。胸をぐっとそらすのを英語で stick out one's chest という。

女性の胸を表現する語として bust もある。日本語も「バスト」と呼んでいる。この bust は、むしろ、「胸像、半身像」の意味で使うことのほうが多いだろう。ここにも、西洋人的感覚が潜んでいる。日本人の場合、胸像よりも全身像を好むと思うが、どうだろう。

日本語の「背中」は首から腰までをさす。英語の back は首からお尻までをさす。このちがいのため、日本語の「腰痛」はふつう英語の backache に相当する。waist は胴体のくびれた部分だ。hip は、胴体と足の付け根の左右に張り出した部分をさす。左右にあるので、全体をさすときには hips と複数形を用いる。なお、with hands on one's hips（両手を腰の張り出した部分にあて相手に対抗する姿勢）の図をみると、英語の hips と日本語の「しり」の位置のちがいがよくわかる。

アメリカの劇作家オニール

68

手と hand

日本人はハンカチ（handkerchief）をいつも持ち歩き、手を洗ったあとに使ったり、汗を拭いたりする。私は日本人だから、海外にいるときも使っている。そんな姿を見て、ちょっといぶかしげに私の方を見る人もいる。イギリスのトイレ（toilet）などにはペーパータオル（paper towel）が置かれているが、紙のむだ使いだ。日本のようにするほうがよいと思いつつ、ロンドンにいるとそれを使ってしまう。それがおもしろいことに、大英図書館ではそれぞれのトイレによって方式が微妙に異なる。ペーパータオルが置いてあるところもあれば、巻き取り式の布タオルのトイレもあれば、温風で乾かす器械のトイレもある。いろいろな考えを持っている人がいるのにあわせているのだろう。

I shall wash my hands of you! という表現は、イエスの処刑に自分は関係がないといって手を洗ったピラトの故事による。この意味では、日本語で「手を切る」「手を引く」というが「手を洗う」とはあまりいわない。もちろん、「ギャンブルから足を洗った」とはいう。

英語の hand は手首より先の部分をいう。「手」は英語の arm で表すことも多い。「手を伸ばす」

を英語で表すと、reach out one's hand と stretch one's arm という両方の表現が可能だ。このため、arm を「手」と訳したほうがよい例がある。He welcomed them with open arms.（彼は手を広げてみんなを迎えた）She carried her baby in her arms.（彼女は赤ちゃんを両手に抱えていた）

日本語では「握手する」というが、英語では shake hands with someone という。紹介されたとき、久しぶりに出会ったとき、何か合意したときなどに行う。姿勢を正し目を伏せないで、相手の手をしっかり握ってから数回振る。日本人は慣れないので、目をそらし手を振らないでおじぎをすることが多い。いや慣れないのではなく、「握手」ということばが日本人の頭の中にあり手を握るのだ。

handle は道具や機械などの「取っ手、柄《え》」をさす。例えば、door handle（ドアの取っ手）handle of a mop（モップの取っ手）handle of a hammer（金づちの柄）。自転車やオートバイの「ハンドル」は handlebars といい、その両端の握りの部分が handles（米 grips, handgrips）になる。ただし、自動車のハンドルは（steering) wheel という。円形になっていて手でぐるぐる回すからだ。日本語で「ハンディー」というと、小型で使いやすいものと考えられている。英語の handy は、使いやすく便利なもので、大きさは問題とならない。このため、This house is handy for the shops.（この家はお店には手ごろだ）のように使われる。なお、ドイツでは携帯電話を handy と呼んでいる。このため、How to rent a handy in Germany などという表現がみられる。

69

五本の指の名前を英語で言えますか。

日本人は手先が器用だという。自分は器用かどうかわからないが bookbinding に挑戦している。古い辞書を購入すると、表紙が取れていたり背がなかったりする。これを補修している。紙と布を利用しての作業は簡単だが、革となるとかなり難しい。しかし、イギリスには大きな指でこれを器用にこなす人達がいっぱいいる。

指の発達と頭脳の発達は大いに関係がある。人間が直立歩行に移行する段階で、指が発達した。それに伴い、脳が発達し大きくなる。そして、完全な直立歩行となる。親指と他の指が機能的に分化する。ますます人間の脳は発達する。日本語の「五本指」は the five fingers といってもよいが、ふつうは the thumb and (four) fingers という。英米では、親指と他の指はちがう単語を使う。それぞれの指が特別な意味を持つ。例えば、左手の薬指 (ring finger, wedding finger) は長く続く愛情の宿る心臓を支配する働きを持っていると考えられている。だから、そこに指輪をつける。蛇足ながら、英語にも「薬指」にあたる medicinal finger, medical finger という表現がある。

I am all thumbs. というのは「僕は不器用だ」の意味である。ただし、green thumb は「野菜や草花を上手に育てる園芸の才」を表す。日本では親指はボスや旦那《だんな》を表すが、英米にはそのような意味はない。ただし、英米人は親指を上にしたり（put one's thumb(s) up, raise [hold up] one's thumb(s)）、下にしたり（put one's thumb(s) down）するしぐさをする。上にした場合には、「よし」「承知」「成功」（Thumbs up!）などを表すが、下にした場合にはその反対の意味（Thumbs down!）だ。

　英米人は「よい事がありますように」という願いをこめて、人差し指（a forefinger, an index finger）に中指（a middle finger）を重ね、残りの三本の指を軽く握る。この指の形は十字架を表すと考えられている。また、第二次世界大戦中、イギリス首相チャーチルが戦争の継続と勝利への強い意欲を表しVサインを用いた。Vは victory の意味だが、今では平和（peace）の印だ。

　日本語の「指」は手の指も足の指もさす。英語では手の指は finger と thumb（親指）を用い、足の指には toe を用いる。足の指は親指から順に、a big toe（a first toe）, a second toe（an index toe）, a third toe（a middle toe）, a fourth toe, a little [small] toe という。

　日本では、夜に爪を切ると親の死に目に会えないという。英米では金曜日と日曜日に爪を切ると縁起が悪いという。爪に魔力があると考えられているからだ。英米人はこぶしを握り、つめを相手に向けて中指を立てる。「くたばってしまえ」「何を言ってやがる」の意味だが、相手をばかにする非常に下品なジェスチャーで、年輩者はひどく嫌う。

70

「足」「脚」を使い分けていますか。

日本語の「あし」には、二つの使い方がある。足首より先の部分を「足」と呼び、太ももから下の部分を「脚」と呼ぶ。英語の foot はくるぶしより先の部分をいう。foot は母なる大地と直接触れる部分なので特別な力(マイナスの場合が多い)を持つとされる。leg は上昇・直立・基礎・速度などプラスのイメージが強い。ただし、英語の leg も日本語の「脚」と同様に foot を含めて使うこともある。

foot と leg のちがいがわかると、次の点も理解できる。ベッドの脚は legs of a bed というが、the foot of a bed とは何だろう。ベッドに寝て足が向く所をさす。頭が向く所は the head of a bed だ。日本語で「足を引っ張る」というが、英語で pull someone's leg というと「(人を)からかう」という意味になってしまう。「足を引っ張る」は「邪魔をする」の意味だから、stand in someone's way や obstruct などの英語を用いるとよい。

「はだし」と barefoot の語源は同じだ。「はだし」は「肌足《はだあし》」が変化したもので、英語の bare は「体の一部に衣類・靴などをつけていない」の意味である。

あるイギリス人作家のエッセーを読んでいて、私はショックを受けた。欧米では家に入っても靴をぬがない。そんな彼らにとって、靴をぬぎ裸足になるというのはどんな意味合いをもつのだろう。その作家は確か half-naked という語を使っていたと思う。ほとんど裸になったようなものだというのだ。欧米では室内でも靴をはいているのがふつうであり礼儀でもある。また、奴隷は裸足を強要されたので、一般的に靴を脱がされるのは恥辱だ。しかし、これはずっと前のことだ。

私はどこへ行っても靴を脱ぎたくなる。トラファルガースクエアー近くの教会で催されたバロック音楽の演奏会を聴きに行った。教会にはひざまずくための小さな台が足元にある。靴を脱ぐにはもってこいだ。しかし、ここはイギリスと思いながら、右隣の女性を見たら、靴を脱いでいる。そして、左を見たら、こちらの男性も靴を脱いでいる。すばらしく気分のよい演奏会で、バッハとビヴルディーの音楽を堪能した。特に、チェンバロの独奏部分は最高だった。

日本では廊下や洋間、時には事務所などでもスリッパをはく。しかし、英米では家のなかでくつろぐときにしかスリッパを用いない。日本でいう「スリッパ」(slipper) は、つっかけ式のものである。ただし、日本式スリッパをロンドンで見つけようとすると、結構難しい。結局、ジャパンセンターに行って中国製のものを買うしかない。

71

どちらがマナーに反しますか。

大英図書館で英語に入った日本語の調査を進めていた。ある日、隣の六十歳前後の白髪女性が、くしゃみをしかけた。すると、ひょいと手を鼻にもっていって、鼻をつまんだ。これでくしゃみはおさまった。何とも、上品なしぐさだった。さすが英国女性。それから十五分もしただろうか。その女性、今度はティッシュペーパーを取り出して、鼻をかみだした。驚くことに、大きな音をたてて鼻をかんだ。室中響くような音だ。誰も気にとめないが、私には下品きわまりない。

これは単なる文化のちがいだ。イギリス人はたいていティッシュペーパー（tissue paper）かハンカチ（handkerchief）で鼻をかむ（blow one's nose）。アメリカ人はハンカチを用いることが多い。英米人は人前で鼻をかむことを失礼だとは思わない。日本人は鼻をかむときにちり紙を用いる。ハンカチを使ったら、礼儀知らずだと思われる。

くしゃみをする（sneeze）のは、多少大きな音でも、日本だったら失礼にはならない。礼儀をわきまえた人はくしゃみをするときに手で口をおさえるが、自然な生理現象で仕方がないと考える。ところが、イギリスではマナーを知らないことになるようだ。雨の日、ロンドンのオックスフォードストリートを歩いていた。片手にかばんをもち、もう一方の手で傘をさしていた。突然、くしゃみが襲い、大きな音でしてしまった。大通りのことで、どうということもないと思いきや、前の若い女性が振り返って私をにらんだ。

八か月ほど過ぎ、イギリス人のようにハンカチをもたず、ちり紙で鼻水を拭いたりしていた。最初は、何とも落ち着かない感じだが、二週間もすると、こちらのほうがずっと楽だ。ずぼらな私にはこちらのほうがずっといい。

ずぼらな人間にとって、イギリスの生活は実にうまくできている。ブドウは皮をむく必要もなく、そのまま食べられる。りんごは丸かじりできるように小ぶりだ。料理といっても、オーブンかレンジで焼くだけだ。熱い湯が出るので、食器を洗うのも簡単だ。ふとんはひきっぱなしでいい。冬は寒いので、毎日風呂に入る必要もない。それどころか、硬水の風呂は皮膚によくないという。お風呂は、湯船のなかで身体をごしごし洗う。ハンカチなどなくとも、トイレには手を拭くものが必ずある。

72

目は口ほどにものをいう。

日本人は会話中に相手の目を見ないことが多い。特に、目上の人に対しては伏し目がちにするのが礼儀だ。英米では、相手の目を見ないと、ある種の不安を与えるだけでなく不誠実で弱い性格だとみなされる。こんな風に書いてきたが、私も日本人で実際の場面になると日本人として振る舞ってしまう。少しつきあえば相手もわかってもらえるが、初対面では難しい。

英語で raise one's eyebrow というと、驚き・軽蔑・非難などの表情を表す。日本語の「目を丸くする」に似ている。もっとも目を丸くすれば、必然的にまゆ毛は上がる。日本語では「まゆをつり上げる」「目をつり上げる」表情で怒りを表す。「目を丸くする」というのは、直訳し one's eyes get round としても通ずる。一部では wide-eyed, eyes as round as saucers で驚いた表情を表す。後者は日本語の「目を皿のようにして」という表現とつながってくる。

日本人が「ウィンク」をするのは、異性に対して色目を使う場合が多い。英米では wink は男女に限らずいろいろな場面で行われる。目から舌に下がりたい。

舌は英語で tongue という。これを使った stick [put] out one's tongue は、もっぱら「軽蔑」を表す子供っぽいしぐさだ。日本でも「あかんべー」と舌を出すのは子供のしぐさだ。

牛の舌は日本語では「タン」という。私のなかでこの「タン」と英語の tongue が長いあいだつながらなかった。仙台は最近、この牛タンを名物として売り出している。私は好きでないから、ほとんど食べない。仙台へ行ったら、むしろ、枝豆から作る「ずんだ」を食べてみたい。

tongue は「舌」が原義で「言語」という意味が派生した。ただし、「言語」はふつう language という語を使う。これはラテン語の lingua が語源。驚くことに、この語の意味も「舌」。これは自然の道理だ。日本語でも「舌が回る」(よくしゃべる)「舌は禍の根」といって、舌とことばとのつながりは強い。

今なら英語のことを the English language とする。十八世紀の文献を見ているとおもしろいのは、英語を the English tongue と表すことがきわめて多いことだ。日本人はどちらでもいいと思うかもしれないが、これは大きな思想的問題だ。tongue は英語本来のことばで、language は外来語である。tongue を用いるのは、ラテン語を嫌う当時の風潮に呼応している。この傾向は文字の表記にも現れる。cherish'd のようにアポストロフィーを用いた。これによって音節を一つ減らすのだ。なぜ、そのようなことをするかというと、単音節(音節が一つしかない)こそ英語の理想だと考えるからだ。

73

身振り言語の悲劇

身振り言語が、ふつうの言語と同じように、国によって民族によって異なることを理解しなければならない。これを知らないと悲劇が起こる。例えば、東南アジアの国々のなかには、子供の頭の部分をきわめて神聖な場所だと考えている民族がある。少し考えればそういうこともありうるが、日本ではそうでない。だから、日本人の中年女性が現地の子供をかわいいと思ってその子の頭をなぜ回したら、親は激怒するにちがいない。見ず知らずの旅行者が、我が子の神聖な場所に触れたのだ。

本当に悲劇は起きてしまった。ジラード事件だ。一九五七年一月。米軍の射撃演習場で薬莢《やっきょう》を拾って、それをくず鉄屋に売って生活する人たちがいた。その中の一人の主婦が、ジラードという若い兵士に射殺された。彼は「あっちへ行け」というつもりで手を動かしたが、主婦には「こっちへ来い」と見えた。ジラードは日本で裁判にかけられたが、非常に軽い刑ですぐアメリカに帰った。日本人は手のひらを下に向けて手招きをする。これは英語国民には「あっちへ行け」という反対の意味になる。

wave one's hand（手を振る）wave to A with one's hand（Aに向かって手を振る）は、別れのときに手を振るしぐさだ。また、wave A goodbye は、Aに手を振ってさよならをするしぐさだ。彼らが手招きをする（beckon）ときは、手のひらを自分のほうに向けて、人差し指を前後に動かす。親しい人や目下の人などに対するしぐさだ。

英米人は「怒り」「挑戦」の意味で、相手に向かってこぶし（fist）を振ったり、こぶしを突き上げたりする。とても激しい感情を示す。一九六八年のオリンピック、メキシコ大会における男子二百メートルの表彰式を私たちは忘れることができない。米国の黒人スミスとカーロスが一位と三位をさらった。二人は表彰台にのぼった。アメリカの国歌が流れると、二人は星条旗を見上げず、黒の手袋のこぶしを天に突き上げた。黒人差別に対する抗議だ。日本語で「こぶしを握る」は、怒りを押さえたり、ひどく緊張したり、残念がったりするさまを表す。

英語国民には、手をのどに当てたり（bring [put] one's hand(s) to one's throat）のどを押さえたり（clutch one's throat）するのは、心理的な緊張や不安などを表すしぐさだ。女の白いのど（the whiteness of one's throat）はしばしば男を引きつけると、イギリス人は考えている。

74

上流階級のスポーツ、テニス

私の趣味はテニス（tennis）。そういって三十年ほどになる。昔の木製のラケット（racket）を今でも大事に持っている。木は反《そ》るので、反らないように常に枠型に入れていた。それも手元にある。

ここ十年くらいテニスをほとんどしていない。でもテニスが好きだから、イギリスにいる間にぜひウィンブルドンを訪ねたいと思っていた。六月の大会期間中に初めてウィンブルドンの会場に赴《おもむ》いた。地下鉄のウィンブルドン駅で降りるのかと思ったら、その前で降りなければならない。テニス場（tennis club）の横にある大きな原っぱには、すでに数千人もの人々が集まっている。三時間あまり待ってやっと入ることができた。

特定の選手を見るというのではない。ただただウィンブルドンにいたかった。いろいろなことがわかった。テニスコート（tennis court）が二十面あまりある。センターコートは決勝などが行われるコートだ。そして、第一、第二と徐々に観客席は少なくなる。番号の大きなコートでは、杉山愛選手もすぐ目の前で見られる。それどころか、選手の息遣いもはっきりと聞こえる。

テニスは上流階級のスポーツだといわれている。その名残ははっきり見られる。ただし、イギリス人はそのような状況に日頃から慣れているので、何とも思わない。私のように二十五ポンドしか出していない人間は、センターコートの試合は見られない。ここで試合を観戦したければその十倍近く払わなければならない。入場口もちがう。恐らく、通路もレストランも特別に設置されているのだろう。上流階級の人間と労働者階層の者が交わることはない。これがイギリスだ。

私の好きなラグビー（rugby）も上流階級のスポーツだ。かつては、頑固なほどにアマチュアリズム（amateurism）を守っていたが、十年ほど前にプロ化した。職業となると、ラガーが誇る「ラグビースピリット」や「フェアプレー」（fair play）の精神は薄れると思うがどうだろう。本場のイギリスでも、サッカー（soccer）に押されている。テレビをみても、やっているのはサッカーばかりだ。同じfootballでも大きな差がついてしまった。サッカーのほうは労働者階級のスポーツだ。その盛り上がりは尋常でない。試合の前にパブでビールを一杯ひっかけ、ハーフタイムでまた飲み、帰りはまたなじみのパブで祝杯をあげる。一度サッカー場に足を踏み入れれば、ファンの応援のものすごさに圧倒される。熱狂的なファンは、ゴールネットの裏に位置する席に座る。日本の野球なら、さしずめ外野のライト席といったところだ。

75

森での狩りはイギリス人のスポーツ

forest は英米文学において特別な意味をもつことが多い。管理や開墾のおよばぬ土地で女性原理が働く場所だ。また、妖精や精霊が住む場所でもある。この語は foreign と語源的に関連がある。このことは forest の理解にも参考となる。これに対して、wood(s) には未開の意味は少ない。

foreigner の排他的意味合いが影響し、日本語の「外人」「外国人」ということばはひどく嫌われている。さらに問題を複雑にしているのは、そのような外国の人々が学ぶ日本語は日本人には「国語」と呼ばれている事実だ。同様に、日本人が使う辞書は「国語辞典」だが、外国人日本語学習者が使う辞書は「日本語辞典」と呼ばれている。彼らは二重に日本人から排除されていると感ずるのも無理はない。

アメリカで hunting というのは、犬を使って動物（主にきつね）を馬に乗ってつかまえることと、鉄砲を使って鳥や動物を撃つことをさす。イギリスでは、前者は hunting と呼ばれるが、後者は shooting と呼ばれる。現代英語では hunting を、job hunting, apartment hunting, house huntingなどの表現で使うことのほうがずっと多い。

きつね狩り（fox hunting）は英国上流階級のスポーツで、馬と猟犬が主役だ。猟犬にきつねの臭いをかがせ、野越え山越え馬で追う。最後は犬がきつねをかみ殺し、銃は用いない。かつて、このハンティングをチャールズ皇太子がした際に、ダイアナ妃が非難したという有名な話が残っている。ダイアナ妃にとって、きつね狩りなど野蛮で動物虐待だとしか思われなかったのだろう。

この狩りをするときにかぶった帽子がハンティング帽（hunting cap）だ。現在はスポーティーな帽子として広く用いられ、cloth cap, flat capなどと呼ばれることが多い。これは労働者階級の帽子だった。それに対して山高帽（bowler (hat)）は上流階級の者がかぶる帽子だ。これは少し前のイギリスの姿だ。しかし、イギリスが厳しい階級制の社会だったことを決して忘れてはならない。upper, upper middle, lower middle, working-classに分かれる。その名残は未だに生活のすべての面において残っている。お店もレストランもスポーツも階級によって色分けされる。

ウィンブルドン

76

モザイクで飾られた教会や美術館で、クラシック音楽を。

一九九五年末、エクセター大聖堂（十三紀に作られたという）で「第九」の演奏会があった。日本で年末に第九をやるというのは恒例になっているが、日本人が独自に考えたものだろうと考えていた。だが、ヨーロッパにおいても同じようにしている。教会での演奏会は初めてなので、いい経験だと思いチケットを買った。ヨーロッパ世界において、これまで教会がすべての学芸、文化の中核だった。

大聖堂にはいくつかの暖房器具が置かれていたが、かなり寒かった。開演だ。全員が立ち上がった。私も立ちあがらないといけないと思い、立った。国家斉唱が始まった。中学生のころ覚えたGod saves the Gracious Queen…を私も歌った。私は、韓国を初めて旅行したときのことを思い出していた。ある映画館で同じ経験をした。アメリカのアクション映画を上映する前に、国家を斉唱するのだ。

第九の演奏はその地域の人達によるものだった。演奏そのものよりも、私はこのような雰囲気のなかでクラシック音楽を聴くことができたことにひどく感動した。大学時代に合唱団で歌っていたことを思いだし、日本に帰ったら地域の第九の楽団にでも参加しようとたわいもないことを考えていた。

music の語源は、ギリシャの時代にまで溯る。そして、この語はギリシャ神話に登場するミューズ神（the Muses）その名に由来する。ミューズの神々とは、ゼウスの九人の娘たちだ。この姉妹は芸術とくに音楽や詩歌の神だが、それぞれが別々の分野をつかさどり、その文化を保護し奨励した。詩、音楽、ダンス、歴史など。昔の作家たちは、著書の冒頭においてミューズ神に祈りを捧げるのが、慣例だった。この伝統は十九世紀くらいまで続いている。私の収集した古い英語辞書の巻頭にも、ミューズ神の挿絵が見られる。

このため、この女神の名を語源とするいくつかの語がある。

museum もここから出た。ヨーロッパの美術館や博物館を訪ねるのは、本当に楽しい。ロシアのサンペテルスブルグにあるエルミタージュ美術館は壮大だった。その規模に圧倒されると同時に、ロシアでもこの地までは明らかにヨーロッパ世界だと自覚させられる。日本の美術館ではほとんどの場合、絵画や彫刻はガラスのなかに保管され写真撮影はできない。欧米では、ロープが張ってあるだけで写真撮影も自由にできるのがふつうだ。

mosaic も Muse からできた語である。辞書には、ミューズ神を祭る洞窟にモザイクの装飾がなされていたことから、この命名となったと記されている。

77

クリスマスと花祭り

私のように言語文化を比較対照する者は、どうしてもそのちがいに目がいってしまう。しかし、実のところは類似点のほうがずっと多い。

二〇〇八年、ロンドンでクリスマスを迎えた。十二月二十四日はクリスマスイブ（Christmas Eve）。私が住んでいたチジックのハイロードも、人でいっぱいだ。日頃はほとんどお客がいないお肉屋と魚屋にも長い列（queue）ができていた。家庭で七面鳥（turkey）などを食べるのだろう。もちろん、スーパーマーケットもごったがえしている。明日はクリスマスで、その買い出しだ。救世軍（Salvation Army）の音楽が切なく聞こえる。ロンドンでは十二月二十五日はすべてのものが止まる。すべての地下鉄が止まり、店は閉まる。

日本の大晦日から元旦にかけての雰囲気とよく似ている。少し前まで、デパートの店頭では戦争で負傷した人々が寄付を呼び掛けていた。年末には、おせちの食材を揃えなければならない。その買い出しと料理作りで主婦は忙しい。大晦日が過ぎて、正月だ。日本でも昔は、正月三が日、店は閉まっていた。最近でこそ、商魂たくましく、福袋などで正月早々お店を開けるところも多くなってきた。

十二月二十五日がクリスマス（Christmas, Xmas）。日本ではX'masと書く人がいるが、それは間違いだ。'は省略しましたというしるし。XがChristで、省略などしていない。家々の玄関の扉にはリース（wreath）が飾られる。これが日本の正月の門松の趣によく似ている。

クリスマスはキリストの誕生日だ。日本でいえば、さしずめ「花祭り」（灌仏会《かんぶつえ》）だ。四月八日にあたる。花祭りはお釈迦さんの誕生を祝うお祭りだ。日本人はクリスマスを祝っても、花祭りは無視している。

十二月二十六日はイギリスではBoxing Dayだ。教会が貧しい人たちのために寄付を募《つの》ったクリスマスプレゼントの箱を開ける日であったことに由来する。それは階級制の名残である。クリスマスの日もご主人様のために働かなければならなかった召使いたちのための日だった。

そういえば、多少意味合いはちがうが、日本には「さい銭開き」や「鏡開き」というのがある。「さい銭開き」とは、正月三日にさい銭箱を開けてお金を数えることだ。また、「鏡開き」とは正月に神社に奉納された鏡餅を切って雑煮や汁粉にし、一般の人々に広く食べてもらう行事だ。鏡は円満を、開くは末広がりを意味する。クリスマスにせよお宮での正月にせよ、あらゆる階層の人々が幸せであることを願うものだ。そして、その休日気分をどこかで終わりにしなければならない。

78

朝昼晩のあいさつ

あいさつで困るのは、十時半前後だ。「おはようございます」というべきか、「こんにちは」というべきか迷う。

日本語の「朝」は夜明けから十時ころまでをさす。英語の morning は、夜明けから正午または昼食時までをさす。イギリスでは一時ころに昼食を取るから、昼を過ぎても Good morning. だ。これは朝の英語のあいさつだが、英語国民は夫婦間でも目上の人からでもあいさつをする。

日本語の「あす」は、もともと朝の意味だったが、中世以降「明日」の意味に変化した。英語の tomorrow も morning と語源的につながっている。「朝」から「翌朝」へ、さらに「明日」となった。古い文献では to-morrow と綴ることも多い。当然、これは to-night と対をなす。そうだ、確か、Metro（ロンドンの無料新聞）でも、天気予報欄はそうなっていた。

イギリスでは太陽の照る日が少ない。特に秋から冬にかけては日照時間が短い。だから、久しぶりに太陽が顔を出すとうれしくてたまらない。外に出て歩きたくなる。ロンドンで温度が二十五度も超えると公園で裸になる連中がいる。sun-worshipper だ。ヨーロッパの車にはサンルーフ（sunroof）がついたものがある。長時間ドライブをしているときに日が照ったら、日に当たりたいからだ。このような自然環境だから、イギリス人は家の日当たりなどあまり気にしない。日本では、特に大都会において、日が当たるかどうかは大問題だ。日照権（英 the right of light, 米 the right to sunshine）を争い裁判にまでなる。それだけ日があたっているということだ。

日本語の「夕方」は午後の遅くから日没少し過ぎまでをさす。英語の evening はそれよりも時間幅がずっと広い。ふつう日没時から就寝時までをさす。イギリスでは夏時間を採用しているが、八時になっても明るく evening が続く。ところが、冬のロンドンは四時をすぎるともう薄暗くなる。明るいのは八時から四時までだ。これでは、気が滅入ってしまう。

日没というと、日本人は「真っ赤な夕日」とか「夕焼けこやけ」などを思い起こし、感傷的気分になる。英米人にとって、the setting sun は晩年や落ち目を意味する。

日本語の「さようなら」は「さようならば」が変化したものだ。もう帰らなければならないという気持ちを表している。英語の good-by(e) は、God be with ye.（神があなたのもとにいますように）を短くしたものである。God が good に変わったのは、Good afternoon. などに合わせたためだ。

英語国民は Good night. を、寝る前だけでなく夜の別れのあいさつにも使う。午後の遅い時間でも夕方でも Good night. という。日本語の「おやすみ」とはいくぶん使い方が異なる。

79

駅で切符を買って、小旅行に出かけましょう。

「立つ」は stand ではない。「立つ」＝ stand up としたほうがより近いだろう。stand には「(乗り物・液体・人間などが）動かないで静止している」の意味がある。日本語の「立つ」にはそのような意味はない。Don't stand. は「立ち止まらないで、進め」。station の語源はこの stand である。多くの人や物などが立ち寄って留まる場所を表す。a railway [railroad] station（鉄道の駅）a petrol [gas] station（ガソリンスタンド）a police station（警察署）a fire station（消防署）a broadcasting station（放送局）a radio station（ラジオ局）a game station（ゲームセンター）など。

オランダの駅で切符を買って列車に乗り込んだ。改札はないようだ。少ししたら車掌が来て切符を確認すると思ったら、最後まで来なかった。さあ、目的地に着いた。小さな町の駅だ。改札もない。こうして人件費を節約している。これでは、無賃乗車する者が一杯いるだろうと誰しも思うが、ほとんどいない。ヨーロッパの人々は公共心があるなどと決して思ってはいけない。無賃乗車をすると目がとび出るほどの罰金が取られるからだ。

ticket は『袖珍辞書』で「牒メ書、切手」と、『英和字彙』では「票《フダ》、紙牌《キッテ》、標紙《フダカミ》」と記されている。「切手」は関所などの通行証の意味だった。そこで、stampを両辞書で引くと「封印、標、踏、印、印号」など多くの訳語が載っているが「切手」はない。ちなみに、post-officeを二つの辞書で引くとそれぞれ「飛脚屋」「書信局」とある。郵便事業を始めた前島密《ひそか》が、この語を拡張して用いた可能性は大きい。なお、この分野には切手、葉書、振替、書留など和語が比較的多い。

日本へ帰国する前にチェスターへ旅行した。ローマ人がディー川のほとりに築いた街だ。ユーストンから列車は出る。行き（onward journey）は十時十分発で、帰り（return journey）は夜の十時に着く。私はシニアーレールパスを持っているので、往復四時間十分でたったの十九ポンドだ。この一年の最後に、私の好きなイギリスに出会った。すばらしい街だ。ケイティーズのお茶屋で飲んだアフターヌーンティーはおいしかった。紅茶にたっぷりミルクを入れ、チョコレートのエクレアをいただいた。こんなにおいしいエクレアを食べたことがない。それで二ポンド八十ペンスだ。街を囲む城壁を二回もまわった。

ふと思ったが、チェスターは奈良に似ている。ともに二千年の歴史を誇る。しかし、観光の場所がそれほどあるわけではない。チェスターには十三世紀に建てられた大聖堂（cathedral）が、奈良には八世紀に建立された東大寺がある。町はこじんまりとして、落ち着きがあり、昔の風情を残す。チェスターには白と黒のチューダー様式の建物が並ぶ。一一五五年創業のパブもある。

80

グリーンピースと pea

私は豆御飯があまり好きでない。わが家で豆御飯と呼んでいるのは、白い御飯にエンドウ豆を入れ、少し塩を加えて炊いたものである。彩りはいいが、それほどおいしくない。

英語には The brothers are as alike as two peas in a pod. という表現がある。日本語では「瓜二つ」。英米では green pea は塩ゆでにしてからバターとからめて食べるのがふつうだ。料理のよこに添えられる。英米ではさや（pod）はあまり食べない。さやの部分も食べるえんどうはイギリスのスーパーにもいくつかある。日本のものに最も近いのは mange-tout だろう。えんどうのすじを、子供のころ、よくとらされた。スーパーでは trimmed と呼んで、すじをとったものも売っている。日本人は、グリーンピースも食べるが、実がまだ成長しないうちに「さやえんどう」として食べることも多い。なお、最近では「グリーンピー」と呼ぶ人が多いかもしれない。

英語を勉強した人は pea に複数の s がついて「ピーズ」となったと考える。事実はむしろ逆である。peas がもともとあった形で、最後の s を複数だと昔の人が勘違いし、単数形の pea を作った。これを民間語源（folk etymology）と呼ぶ。

ジョンソン博士が嘆いているように、ことばは気まぐれだ。単語が生まれる道筋はいろいろだ。

最近、名詞を動詞で使う例がきわめて多いように思われる。Do not *chain* bicycles to any fences or railings on the station. / A 10-year-old boy was *knifed* repeated in the chest and left to death. 二〇〇八年イギリスは不況となり、ax(e) という語が動詞で新聞にしばしば現れた。「解雇する、首を切る」の意味だ。動詞化のきわめつけはこんな広告だ。Czech it out! From London Luton to Prague from £12.99 including taxes. チェコを動詞にし、チェックと掛けているのだ。

逆成（back formation）と呼ばれるものもある。ふつうなら write という動詞があって、writer という語が生まれる。typewriter や babysitter の場合にはその逆だ。これらの語から動詞の typewrite や babysit が生まれた。日本語にも逆成の例はある。ただし、日本語の場合には、名詞から動詞ができるのがふつうの形で、逆成は動詞から名詞ができるものだという。「たそがる」という動詞から「たそがれ」という名詞が生まれたと、ある事典には書かれている。

81

サンドイッチ、リンチ、土左衛門、韋駄天

私たち戦後世代にとって、アメリカへ行くのは一大事業だった。一ドルが三百六十円の時代で、短期といえどかなりのお金持ちでないと留学できなかった。二十代の後半で私は初めてアメリカを訪れた。見るものすべてが新鮮だった。

アメリカのレストランでsandwichを注文し、差し出されたものを見て驚いた。日本の「サンドイッチ」とアメリカのsandwichはまったくちがうのだ。サンドイッチは食パンの耳を取り半分に三角や四角の形にして、その間に野菜や卵やハムなどをきちんとはさむ。アメリカのsandwichは大型の丸いパンや食パン（耳など取らず）に、バターやマスタードをぬり、その上に肉や魚のフライやチーズや野菜などをはみでるほどにはさむ。これでは日本人のように上品に口まで運ぶわけにはいかない。でかい口を開けて、がぶっとかぶりつかなければならない。そして、そんな風に食べないとsandwichはおいしくないのだ。今でこそ、こんなsandwichも日本に入って来たが、その当時は日本になかった。だから、私にとってそれはカルチャーショック（culture shock）だった。

このsandwichということばの歴史はおもしろい。この語は人の名からできたことばだ。サンドイッチ伯爵という人物がいて、ゲームに夢中で食事をする時間もなく、ゲームをしながら食べられるような手軽な食べ物を作らせた。それがサンドイッチである。

このように、人名や地名からふつうの名詞になってしまった語を「エポニム」(eponym)と呼ぶ。日本語では「名祖」というが、ほとんど知られていない日本語だ。英語の例をもう一つあげよう。lynchもエポニムの例だ。リンチという名の裁判官が正規の手続によらず残酷な刑罰を与えたことに由来する。英語のlynchは法的手続きによらず集団で人を裁いて絞首刑などにして殺すことを意味する。ところが、日本語に入って意味が変わってしまった。日本語の「リンチ」は単に暴力的制裁を加えることだ。

英語にはエポニムの例がたくさんある。『英語エポニム辞典』があるくらいだ。日本語にもエポニムはある。「たくわん漬け」「韋駄天《いだてん》」「土左衛門《どざえもん》」など。沢庵和尚が初めて作ったということで、「たくわん漬け」と呼ぶようになったという。お釈迦様の遺骨を奪おうとして山へ逃げた者がいた。それを見た韋駄天が一瞬のうちに頂上まで追いかけ無事に遺骨を取り返したという。その将軍神の名が、足の速い人物を表わすことばとなった。また、享保の時代に成瀬川土左衛門という相撲取りがいた。色白で異常に太っていて水死体に似ていたことから、水死体のことを「土左衛門」と呼ぶようになった。

82

塩の道は生命線

塩は命にとって欠かせない。砂糖はなくとも生きられるが、塩なしでは生きられない。このためか、塩の連想は深遠で奥深い。日本では葬式の帰りに塩をまいたりする。浄化の力があるからだ。相撲取りが塩をまくのはこのためである。ケガをしたときに殺菌作用もあるという。派手に塩をまく関取が今でこそ多いが、昔は少なかった。特に、塩を作っている地方の力士なら、塩を精製するのにどれだけの手間暇がかかるかよくわかっている。両親や親戚が流した汗の結晶である塩を無闇やたらとまくわけにはいかない。

西欧でも salt は神聖なものとされ厄除《やくよ》けに使われ、永遠の生や霊と結びつく。この salt は英語ではいろいろな語に変身する。まず、salary からみてみよう。

古代ローマの兵士はかつて給料として salt（塩と同じくらい貴重なもの）をもらっていた。ここから salary という語が生まれた。さらに「サラリーマン」という和製英語までできた。一般的に salary は月給なのに対して、wage は週給だ。

sauce という語は、ラテン語の salsus（塩で味をつける）からできた。昔は、味をつけるといっても塩の他に何もなかった。日本語に「手塩にかける」という表現がある。塩を手に取り、食物を自分の好みの味加減にしたことによる。手塩にかけて育てた子供が交通事故で亡くなったら、どんなに塩をかむような苦い思いをしなければならないことだろう。

上述のように、英語の sauce は料理にかけ風味を引き立たせる液状の調味料一般をさす。従って、地域や好みによって種類はいろいろある。日本の「ソース」は、厳密にいうと Worcester (shire) sauce（ウースターソース）のことである。ウースターはイギリスのある地方の名。ロンドンで私が好きだったウースターソースは日本のよりも少し辛い。

海外に住む日本人にはおなじみの soy sauce もある。soy は「醤油」のなまった語である。ということは、soy sauce は「醤油ソース」ということになる。これでは困る。「醤油」「ソース」が一緒になっている。天汁がなかったら、あなたはテンプラに醤油をかけますか、それともソースをかけますか。私はもちろんウースターソースだ。

スーパーの醤油など日本食材の棚

83

外来語四百年の歴史

私は日本と欧米の歴史を学生に語る際に、一六〇〇年という年をしつこいくらいに強調している。この前後の時代は、日本と西欧の言語文化接触を考える上で重要だ。

一六〇〇年前後、イギリスはエリザベス女王の時代だ。シェイクスピアが作家として活躍した時代でもある。作品のなかでいろいろな人殺し（1564-1616）が出てきた。イギリスが文化的に他のヨーロッパ先進国に追いつきたいと考えていた時代である。

一六二〇年、イギリス人が初めてアメリカに渡った。清教徒（Puritan）の一人だったハーバードが私財を投じ大学が創立されたのが一六三六年。シェイクスピアの時代の英語が、その後四百年間アメリカ英語として生き続ける。その代表格が fall だ。イギリスでは autumn に代わってしまった。

一六〇三年、日本では江戸時代が始まる。少しして鎖国の時代へ突入する。ということは、この直前にキリスト教に代表される西洋文化が入って来たということだ。このころ、多くのスペイン語やポルトガル語の単語が日本語に借用された。

「たばこ」はポルトガル語の tabaco からきている。その後、英語の tobacco が入ったので、日本人は「たばこ」は英語借入語だと勘違いしている。日本語の「たばこ」は紙巻たばこなどの製品をさすが、英語の tobacco は原料となる植物をさすのがふつうだ。

「金平糖」もポルトガル語から入ったことばだ。confeito の読みに適当な漢字をあてたにすぎない。ただし、最後に「糖」をつけたので、当て字としては傑作だ。金平糖はケシ粒を芯《しん》にして砂糖液をかけ乾かしたもの。糖分が加熱によって吹き出すので周囲にとがった角《つの》ができて、お菓子としては楽しい形になっている。しかし、数年前テレビで本場ポルトガルの金平糖について放送していたが、それは日本のよりも一回り大きく、周りのとんがりはなかった。

日本語の「ゴム」はオランダ語の gom から入った外来語である。オランダ語から入ったということは、一八〇〇年頃ということになる。「ゴムバンド」(rubber band)「ゴムホース」(rubber hose)「ゴムボート」(rubber boat [raft]) は、オランダ語などを利用した和製英語である。また、日本語の「ガム」は英語の chewing gum の略語だ。ここから生まれた和製英語に「ガムテープ」(米 friction tape, 英 insulating tape) がある。

日本語の「エネルギー」はドイツ語の Energie から来た外来語である。同様に、日本語の「エネルギィッシュ」もドイツ語の energisch から来た語だ。「アルバイト」も含め、ドイツ語から日本語に語彙が借用されたのは一九〇〇年ころだろう。

84

外来語に惑わされないようにしましょう。

英語をそのまま日本語に持ち込もうとすると、支障をきたすことがある。英語をカタカナで書くと一般的に長くなる。department storeだと「デパートメント・ストア」、front deskだと「フロント・デスク」となる。これでは長すぎる。日本人なら誰でも短くしたいと思う。短くしてしまうと、もとの英語とは完全にちがったものになってしまう。それをアメリカやイギリスで使っても通じない。

ホテルの受付を日本語では「フロント」というが、英語ではfront deskとか単にdeskという。information deskの表示があることも多い。ただし、イギリスではreceptionという語がホテルに限らず広く「受付」の意味で用いられる。なお、「フロント係」はdesk clerkという。

sewing machineは、幕末の文献では「シウインマシネ」となっている。これも長い。前半を省略して「ミシン」とした。アメリカで「ミシン」といっても通じないどころか、マシーン（自動車や機械）のことだと思われてしまう。

日本語では魔法びんや保温器を「ジャー」といっているが、英語のjarは単に「広口（の）

びん」のことで保温容器の意味はない。このため jam jar といったりする。これはジャムが入ったびんのことだ。魔法びんを英語で表すと a vacuum bottle（米）, a vacuum flask（英）, a thermos, a thermos flask, a thermos bottle となる。

日本語の「ストーブ」は暖房器具をさす。英語ではふつう heater という。イギリスはセントラル・ヒーティングの国だ。日本人が想像するような暖房器具はない。英語の stove にはその意味もあるが、料理用のレンジ（英 cooking stove, 米 cook-stove）の意味で用いることが多い。

イギリスの家庭では、料理のための一式が一体化した cooker が広く利用されている。ガスよりも電気式が普及している。一番上がフライパンや鍋を置いて料理をする hotplate だ。四つほどついているが、ガスのように微妙な火加減はできない。その下にお肉などを焼く grill がくる。一番下に oven が納まっている。英語の oven は、もともとかまど、天火のことである。ここでパンを焼いたりするが、すぐに調理できるものを買ってきてここで焼くことが多い。これとは別に必ず電子レンジ microwave oven がある。

85

単語と単語の糸がつながりました。

自分がこれまで知っていた語が、他の語と何らかの糸で結ばれるとうれしいものだ。少なくとも私はうれしい。やはり、私はことばや辞書が大好きなのかもしれない。

diamond は一般的に堅さや不屈の信念や不変の象徴である。ローマ人はダイヤモンドが調和を表すと考えていたので、婚約指輪に用いるようになった。心臓に近い左手につけると活力が保持でき健康だといわれる。日本では短くして「ダイヤ」と呼ぶことも多い。

このダイヤモンドは何百年も前に日本に入って来た。「ギヤマン」と呼ばれた。日本語の「ギヤマン」はポルトガル語の diamante やオランダ語の diamant に由来する。ダイヤモンドは堅いのでガラスを切るのに用いられるところから、ガラスそのものを「ギヤマン」と呼ぶようになった。

日本語の「スコップ」は、古いオランダ語の schope（現代語では schop）から入った外来語である。scoop は穀物・石炭・アイスクリームなどを「すくう」道具だ。ここから転じて、新聞記者の「特だね」の意味にも使われるようになった。日本語では「スクープ」と呼んでいる。スコップと並んでショベルも使われる。日本語の「ショベル」は英語のshovelから入った。shovelは土砂を移動するのに使う長い柄と幅広い刃がついた用具で、scoopはそれよりも少し小さい用具で、trowelは園芸用の小さなものだ。

話は音楽に移る。小さいころ、音楽でリズムをとるためにカスタネットを使ったのを覚えているだろう。カスタネット(castanets)は独特の形をしている。この英語の単語はふつう複数で用いる。この語は、スペイン語の「栗の実」(castaña)からついた名だ。確かに、あの形は木の実を二つに割った形に似ている。ということは、栗のchestnutと語源的に同じだ。

栃の実も栗の一種だ。この栃の木が私の住んでいたチジックには多く植えられていた。晩秋になると、歩道は栃の実でいっぱいになった。栗にそっくりだが、もっと丸みがある。この栃の木はhorse chestnutという。日本人には「マロニエ」といったほうがわかりやすいかもしれない。これはフランス語でmarronnierとなる。イガの中に二、三個の小さな種子が入っているのがシャテーニュ、大きな種子が一つ入っているのがマロンと呼ばれる。マロングラッセには本来マロニエの実を使ったが、クリで代用したことから、クリのこともマロンと呼ぶようになったといわれる。そして、賢明な読者はお気づきだろうが、このシャテーニュ(châtaigne)がchestnutのことだ。

86

合羽を着てアカペラで歌う

日本は長いあいだ鎖国政策をとっていた。このため、私たちは日本がヨーロッパ世界と没交渉だったと錯覚しがちである。江戸時代の始まる前には、ポルトガル人が来ていた。江戸時代のあいだも、オランダ人が来て貿易を行っていた。

カッパは漢字で合羽と書く。雨のときに羽織るものである。雨合羽という形で使うことが多い。日本語だということを疑う人はいないだろう。これはポルトガル語の capa を、日本式に漢字で表記したものである。同じように羽織るものがある。ケープだ。最近はあまり見かけないので、若い女子学生に聞いても知らない。cape はフードつきの外套だった。これはラテン語の caput（頭）から派生し生まれた語だ。

この語から驚くほど多くの語が派生している。ただし、この語の頭は c [k] となったり、ch [tʃ] となったりする。前者の例が「キャップ」(cap)「キャプテン」(captain)「キャピタル」(capital 首府、大文字)「ケープ」(cape 頭の形で海に突き出た陸地)で、後者の例は「チャプター」(chapter 文章の頭)「チャペル」(chapel) だ。chapel は、前に述べたケープ（中世のラテン語では cappella)

を保管するお堂だった。そこから「礼拝堂」の意味に変わった。さらに、このcappella（聖堂）という語から「アカペラ」（a cappealla）が生まれた。a cappella はイタリア語で「礼拝堂風に」の意味で、もともとはルネサンス時代の教会合唱の様式であった。そこから意味が広がり、「無伴奏体の合唱様式」となった。

上に示したような語であれば、ラテン語の caput から派生したと推測された方もみえるかもしれない。しかし、次の語になると難しい。achieve と escape だ。

achieve は、「頭や頂点（chieve）に達する」という意味から、「（仕事などを首尾よく）成し遂げる」の意味になった。何と、漢語の「首尾（よく）」にも頭があるではないか。

escape はもともと「ケープを投げ捨てる」という意味であった。それが大きく意味が変わり、「（合羽を投げ捨てるあいだに）危険から逃れる」となった。なお、日本語で「授業をエスケープする」というのは和製英語である。さらに、日本語で「授業をサボる」というのは、「サボタージュ」（sabotage）というフランス語から入った。二十世紀の初め、フランスでストライキのあいだに労働者がサボ（木靴）で機械を破壊したことによる。

87

custom と costume

無知とは怖いものだ。学生に訳語の変遷の調査をさせていた。ある学生が明治中期の英和辞典を調べ、costume の訳語として「風習、時様…」と書いた。それは custom の間違いだろうと、私はその学生にいった。学生は間違いではないといい張る。私が知らなかっただけだ。costume は custom のことで、「習慣、流行」が原義。それが「通例の服装」となり、国民・時代・地方などに特有な服装のことを costume と呼ぶようになった。だから、「風習、時様、時服、衣服、彩式」などの日本語がごちゃまぜに並ぶ。

無知とは怖い。ある本を読んでいたら、ウォルデンブックというのはおそらく医学薬学関係の原書であろうと記されていた。これは辞書のことだ。多少ともオランダ語の知識があれば誰でもわかる。私も十冊以上本を書いてきたが、同じような間違いをしているのではないかと不安になる。

米語の jumper は、襟《えり》もとを丸・角・V字形などに大きく切った袖《そで》なしのワンピースをさす。ふつう女性がブラウスの上に着る。アメリカでは a jumper dress ともいう。同じものをイギリスではpinafore（dress）という。イギリスのjumperはウールのセーターである。また、労働者が服を保護するために着るゆったりした上っ張りもjumperだ。日本語の「ジャンパー」はふつうこれをさすが、英語ではa（stadium）jacketやa wind breakerというのがよい。

私はU字形の下着を愛用している。これがイギリスにはないようだ。十二年前にもイギリスに来て一年近く暮らしたのだから、わかりそうなものだが、無知は怖い。安い衣料品を売る店として有名なプライマークにもなかった。仕方なくV字首のシャツを購入した。このお店の品物は実に安い。あまりにも安いので、この店の商法を告発するテレビ番組まで作られた。かつて植民地だったインドの労働者を安い賃金で過酷に働かせ、安価なものを作っているというのだ。インドで作られていることもあって、このお店の衣料品は綿のものが多い。日本のスーパーでは純綿などというと、化繊のものよりもかなり高くなると考えがちだ。しかし、ここでは化繊と同じくらいの値段だ。

無知とは怖いものだ。ロンドン地下鉄の地図にあるBankの駅は、テムズ川に近いので川岸からこの名がついたと思い込んでいた。ところが、この近くに用事があり訪れたら、イングランド銀行（Bank of England）があるではないか。そこから、この名がついた。同様に、同じ場所にあるMonumentの駅も同じで、ロンドン大火記念塔（Monument to the Great Fire of London）に近いことに由来する。

88

外来語ショーの始まり、始まり。

日本語では「ダンスパーティー」というが、英語ではふつう dance または dancing party という。なお、「ダンスホール」(dance hall) は正しい英語である。

日本語の「ダンサー」は踊りを職業とする人をさす。英語の dancer は踊る人、踊っている人のことで、必ずしも踊りを職業としていなくてもよい。

ダンサーはプロポーションがよくなきゃだめだ。日本語では体型がいいことをいう。英語の proportion はその意味でも使うが、もともと「部分と全体との比率や割合」の意味で、Your essay lacks proportion.(あなたの論文はバランスが悪い)のように用いる。

伊豆の踊り子はナイーブだ。日本語の「ナイーブ」は、人の純粋さや素朴さを誉めることばとして用いられる。しかし、最近では「繊細な」という意味で用いる人のほうが多いかもしれない。一方、英語の naive には「単純で無知な」というような悪い意味合いもある。He told her he was a doctor, and she was naive enough to believe him.(彼は彼女に医者だと言ったが、彼女は単純に男のことばを信じてしまった)

parlor というと、日本人は a beauty parlor（美容院）a pachinko parlor（パチンコ屋）an ice cream parlor（アイスクリーム屋）a pizza parlor（ヒザハウス）などを思い出すかもしれないが、英語には a funeral parlor（葬儀屋）も含まれる。なお、日本語の「フルーツパーラー」は和製英語だ。

日本語では「ベランダ」と「バルコニー」が混用されている。日本の一般家屋にはベランダが使われる。veranda(h) は一階部分の外に床と屋根をつけた一種の外廊下であり、balcony は地面から離れた部分に張り出した屋根のない台をいう。ベランダではベニヤ板も使われるかもしれない。veneer はベニヤ板の一番表に張る上質の薄板のことだ。日本語の「ベニア板」は英語で plywood という。

ベランダの作りが悪いからといって、日本人はクレームをつけても損害賠償を請求することはないだろう。日本語の「クレームをつける」は単に苦情をいうことだ。英語では complain, make a complaint, object, raise an objection のような表現を用いるのがよい。英語の claim は「当然の権利として賠償などを要求する」。これはことばの問題だが、社会構造が起因しているかもしれない。アメリカが他民族国家であるがゆえに、お互いに話し合うというだけでは問題を解決しにくいこともあるだろう。法的問題として処理するほうがかえって楽かもしれない。そのような社会に住む英米人からすると、日本の施設や観光地はかなり無防備で、手すりなどないところも多い。

89

人を間違えないで下さい。

一九九五年八月中旬、私はロンドンにいた。テレビではVJ Dayの特別番組をやっていた。Victory over Japan Dayで対日戦勝記念日のことだ。そこで流されるビデオは、日本が戦時中東南アジアにおいていかに残忍なことをしたかを伝えるものである。日本人としては見たくない歴史の事実だ。数日後、アムステルダムを訪れた。初めてのオランダだ。ホテルでテレビのチャンネルを回すと、ここでも類似のものが流れていた。BBCが作ったもので、オランダ語の字幕がついていた。ヨーロッパに来て、私は自分が第二次世界大戦という歴史を背負った日本人だと認識せざるをえなかった。二〇〇八年八月、ロンドンにいるがその影はまったくない。隔世の感がある。イギリス人の関心は過去になどない。自分の家の値段がどれだけ下がるかのほうが重大事だ。

英語のveteranは、イギリスでは「古参兵」を、アメリカでは「退役軍人」を表すのがふつうだ。アメリカでは十一月十一日をVeterans Day（退役軍人の日）とし、平和を祝っている。日本語の「ベテラン（の）」は、英語ではexperiencedとかexpertのような形容詞を用いたほうがよい。

イギリスの知られざる産業は兵器の売買で、何と世界第二位。兵器を売買するビジネスマンが多数いるということだ。日本語の「ビジネスマン」は実業界にいる人すべてをさすが、英語の businessman はふつう企業の経営者や管理者をさす。「ビジネスマン」は「サラリーマン」よりもしっかりした人たちだが、日本語の「ビジネスマン」に当たる英語は an office worker, a white-collar worker だ。

日本語の「タレント」はテレビなどによく出る有名人のことだが、英語の talent は「才能」の意味である。もともとは「はかり、重さ」の意味だった。人の「重さをはかるもの」から、人の才能と意味が変化した。talent は「才能ある人」を集合的に表すことはあるが、一人一人をさすことはまれだ。日本語の「タレント」は英語で a TV performer [star, personality] などという。

日本では、有名タレントにはスタイリストといわれる人達がついている。彼らはタレントが着る衣装を用意し、なるべく格好よく見せる。また、日本語の「スタイリスト」には、身なりにこる気取り屋という意味がある。英語の stylist はふつう名文家・名演説家をさしていたが、最近は a (hair) stylist, a fashion stylist という表現もよく使われる。

かなり有名な女優には、彼女を男から守ってくれるガードマンがつくかもしれない。「ガードマン」というのは和製英語である。正しくは guard だ。ただし、英語にも guardsman という語がある。これは、アメリカでは「州兵」をイギリスでは「近衛兵」をさす。

90

フォーム、ユニフォーム、インフォーメーション

フォームが悪いと、いいボールは投げられない。この「フォーム」は英語の form だ。これは「形」の意味で、形容詞形は formal だ。日本語の「フォーマル」は、たいてい服装に関していう。「フォーマルな服装」のように用いる。冠婚葬祭はフォーマルな装いでないと作法に反する。これが社会人にとっては結構面倒だ。何がフォーマルか人によってかなりちがう。その点、学生は学生服を着ればどんな場合でもよいから便利だ。学生服を始め、日本人は制服が好きだ。日本人以上に、イギリス人はユニフォームが好きかもしれない。小学生も、図書館で働く人たちも、一流ホテルでもユニフォームを着ている。uniform はもともと uni「一つの」の form「形、型」の意味で、服装に限ったことではない。イートン校では制服として日常的に燕尾《えんび》服を着ている。そして、この制服が彼らのエリート意識を育くむ。

formal の反対語は informal。日本語でも「インフォーマル」という人もいる。では form という名詞の反対語は inform かというと、そうではない。しかし、inform という動詞はある。その名詞形は多くの人が知っている information だ。日本語でも「インフォメーション」という。

では、元の動詞である inform は一体全体どんな意味だろう。in「〜の中に」に form「形」がくっついた語である。「形の中に入れる」というのが原義で、「形のあるものにする」と意味が変わり、最終的に「伝達する、告げる」などの意味になった。

このformを使った語は他にもいろいろある。perform, reform, conform など。perform は「完全に形のあるものにする」から「成し遂げる、公演する」などの意味に変化した。conform は「形を一緒にする」から「適合させる、順応させる」の意味になった。また、reform は「ふたたび形のあるものにする」から「改善する、改革する」の意味になった。日本語の「リフォーム」がそれだ。

「フォーメーション」(formation) が悪くては、サッカーには勝てない。監督は試合の流れを把握しながら、フォーメーションを考える。選手と選手のあいだがあきすぎてもいけないし、狭すぎてもいけない。全体の形をうまく整えなければならない。

さらに、これと語源的につながる語がある。transform だ。これは、trans「変える」form「形、型」の意味である。日本語では「トランスフォーマー」という語を専門的に用いることがある。これでは長たらしいので、変圧器のことを短く「トランス」という。「デパートメントストア」では長すぎるので、「デパート」というのと同じだ。

91

英語の不思議、複数形

日本ではお祝いのことばとしてほとんどの場合に「おめでとう（ございます）」という。しかし、英語のCongratulations!（必ず複数形）は、努力してうまく成し遂げたことに対して賞賛や敬意の気持ちを示す場合にのみ用いられる。卒業・合格・昇進・勝利・出産などの場合に用いられるが、クリスマス・新年・誕生日などの場合には用いない。誕生日に日本語では「誕生日、おめでとう」というが、英語ではHappy birthday to you!といったり、I wish you many happy returns of the day.という。後者を略して、Many happy returns of the day.とかMany happy returns.ということもある。

日本語で「マナーが悪い」というが、英語ではbad mannersと複数形にしなければならない。英米では、ものを口に入れたまま話をするのは無作法だと考えられている。また、夕食に人を招待した場合、食卓の両端に主人と女主人が座るのが作法だ。同様に、「テーブルマナー」は正しい英語ではtable mannersまたはmanners at tableという。

また、「レディーファースト」と日本人はいうが、英語ではLadies first.だ。この「レディーファースト」の精神が身についていない私など、海外へ行くと困る。他の男性はさっと立ち寄って女性が大きなカバンを持ち上げるのを手助けするが、私は腰が重くどんと座ったままだ。しかし、心配などすることはない。先日も、大きな荷物を運んでいた二十歳前後の金髪娘が私に荷物を持ってくれと頼んでくる。ヨーロッパの女性はきつい。

日本語の「郊外」は住宅地でも田園地帯でもよい。これに対して、英語の suburb は町の中心地から離れた閑静な住宅地をさす。この語は複数形で用いることが多い。They decided to move out to the suburbs.（彼らは郊外に引っ越しすることを決めた）聴衆（audience）は一人でも二人でも聴衆だ。The audience was just two people.（聴衆はたった二人だった）という表現が可能だ。ache の中で headache はふつう数えられる名詞として用いるが、他の toothache, earache, stomach ache などは、数えられる名詞としても数えられない名詞としても用いられる。

二〇〇八年、久しぶりにイギリスを訪ね最初に気になった英語表現がある。Please do not leave your belongings unattended at all times. 最後の times だ。これは「あらゆる機会に、あらゆる場合に」のような意味で用いているのかなと思ったが、そうでもなさそうだ。at all times は飛行場以外にも多くの場所で用いられていて、「常に、いつも」の意味のようだ。open times, two coffees だって prices, wines, beers だって、ふつうの表現だ。英語の数えられない名詞（uncountable noun）が徐々に消えつつある気がしてならない。

92

数字の魔力

私は長いあいだ高校教師をしていたが、大学へ移った。辞める前、私は受験校の英語教師として受験競争のまっただなかにいた。一年に何度か模擬試験があった。評価されるのは私たちの能力だ。ライバル校の平均点と比べ、私たちが評価される。あるときの模試で私が中心となって教えてきた生徒たちの成績が、ちょっと手の届かない有名校の平均点よりも高くなってしまった。私たちは小躍りして喜んだ。もう、私たちは数字の魔力に酔いしれていた。そのあと少しして、私は高校現場から身を引いた。

西洋人にとって、三は聖なる数。三位一体《さんみ》と呼び、三つで対をなすものは多い。キリスト教では、父なる神（the Father）子なるキリスト（the Son）聖霊（the Holy Ghost [Spirit]）の三者を表す。慈愛・信仰・希望も三位一体をなす。色では、黄・赤・緑を表す。天・地・水、現在・過去・未来、初・中・終、などだ。日本の三種の神器は、鏡・剣・曲玉《まがたま》で、それぞれ真実・勇気・同情を表す。

日本では、「四」は「死」の連想があり嫌われる。ところが、西洋では四は安定性・完全性・完結性を表すので、いろいろな場面で使われる。四つの方位、四体液（humours）、四年毎のオリンピック、四つの神聖な生き物（ライオン・雄の牛・鷲・人間）、人間の体は頭・胸・内臓・四肢の四つに分けられる。

中国では七が重んじられる。西洋では三とともに七が聖なる数だ。太陽の神聖さ・完成・成就などを表す。安息日としての七日目（Sunday）安息年としての七年目（sabbatical year）はこれによる。イギリスにはSeven Sisters, Seven Oaksという地名があることからも察せられる。確かに、野球の「ラッキー・セブン」（lucky seventh）には、点が入ることが多い。

日本では八が聖数だ。「八」は末広がりで縁起のよい数だ。日本語の八には「多くの」の意味があり、これを用いた表現は多い。「四方八方」（in all directions）「八方美人」（everybody's friend）など。欧米のeightは復活・永遠・無限・完全などを表す。

nineは三を三つ含むので神秘的な数と考えられ、多数や完全を表す。そういえば、神道の結婚式では「三三九度」の儀式がある。nineを用いた英語表現には次のものがある。A cat has nine lives.（猫には九つの命がある）A wonder lasts but nine days.（不思議なことも九日しか続かない）などの表現がある。

元来は聖なる数字で神霊が宿ると考えられていたが、のちに最も縁起の悪い数となったものが十三だ。最後の晩餐に出席していた者の数が十三人だったので、最も不吉な日は五月十三日の金曜日だ。欧米のホテルや病院では十三階や十三号室はないことが多い。

93

two について

twilight の語頭の twi は two の意味であることは述べた。twin は双子だ。このように two はいろいろな語に現れるが、意識されないことが多い。形を少し変え隠れているので、わかりにくいからだ。

twice もそうだ。一回が once で、二回が twice だ。

twig は「二又に分かれたもの」から、「小枝」の意味になったと考えられている。

twist は「二つに分かれたもの」から、「(縄などを) より合わせる、編む」の意味が生まれた。禍福《かふく》は糾《あざな》える縄の如し (良い事と悪いことはより合わせた縄のように表裏一体) という。縄は二本でよるのがふつうだ。

between は二つの物や人に用い、among は三つ以上に用いると中学生のときに勉強した。しかし、between のなかに two が隠れていることを先生は教えてくれなかった。

この twi- は英語本来のゲルマン系の接頭辞であるが、ラテン語では bi- となり、ギリシャ語では di- となる。bi- については多少述べたので、ここでは di- の例を示したい。

dialogueは「対話」のことだ。dilemmaは「二つの提案」から「板ばさみ」となった。また、「二つの」の意味から「分離して」の意味が派生し、次の語が生まれた。divertは「分離して、向かう」の意味から「転換する」となった。また、divorceは「分離して、向きを変える」から「離婚」へと意味が変化した。

こうした印欧諸語における派生関係や語形成について、ヨーロッパの諸言語を話す人々はいろいろな形で自然に身につけている。だから、同じレベルのクラスで、aで始まる職業名をいいなさいといわれ、日本人はartistくらいしか思いつかないが、ヨーロッパの若者はいくつかの語彙を列記することができる。そんなロンドンの語学学校でよく聞く話だが、ヨーロッパ諸国から来ている連中はでたらめでも英語を何とかしゃべるという。彼らは英語の文法などわからなくとも、自分たちの語彙から連想し英語の語彙に置き換えることが比較的容易にできる。日本人からすると、中学で勉強したような簡単な英文法がわからなくてなぜ英語が話せるか不思議でたまらない。この語族による決定的なちがいが、英語を話すという実際的なレベルにおいて大きな役割を果たしていると、私には思えてならない。同レベルにもかかわらず日本人がだめなのは、話しべただとか、日本人はシャイだとか、が決定的理由ではなさそうだ。

94 ことばは気まぐれ（反対語の世界）

大学に入って一生懸命（一所懸命が正しい）言語学を勉強した。大学一年のとき、サピアの『言語』を読み感動した。ことばの奥深さを知った。言語学の入門書にLanguage is arbitrary. とある。arbitraryは「恣意的」と訳されるが、その日本語がなかなか理解できなかった。ことばと何十年と格闘し今になって思うが、arbitraryは「気まぐれ」と訳したほうがずっと理解しやすい。

able（形）の反対語はunableなので、日本人はability（名詞）の反対語を×unabilityと考えがちだ。inabilityが正しい。

unlikeとdislikeを混同してはいけない。前者は形容詞または前置詞で「同じでない、似てない」の意味である。後者は動詞で「好きでない、嫌う」の意味である。interestedには二つ反対語がある。uninterested（興味のない、無関心な）とdisinterested（私心のない、利害に左右されない）。ただし、disinterestedは口語で前者の意味で用いられることもある。

fortunate（形容詞形）の反対語はunfortunateだ。ところが、fortune（名詞形）の反対語は×unfortuneではなく、misfortuneだ。

sensitive（敏感な）の反意語は insensitive（感覚の鈍い）だが、sensible（分別のある、賢明な）の反意語は ×insensible ではない。insensible は、「意識のない」「無感覚な」「意識しない」などの意味。「無分別な」は senseless, thoughtless などを用いる。

日本語で不均衡な状態をアンバランスということがあるが、英語では imbalance という語をふつう使う。「貿易不均衡」は trade imbalance という。unbalance も名詞として辞書に記載されているが一般的ではない。

皆さんよくご存知のように careful の反対語は careless だ。しかし、beautiful の反対語は ×beautiless ではない。また、priceless, countless は「値段がつけられないほど高価だ」「数えられないほど多数だ」の意味で、わかりにくい。

少し難しい単語で flammable という語がある。この語の反対語は nonflammable（燃えにくい）。inflammable（燃えやすい）は flammable とほぼ同じ意味である。flammable は主にアメリカで用いられるが、イギリスでは専門の工業用語として用いられる。inflammable は「興奮しやすい」の意味にもなるが、これは英米どちらでも用いられる。

disconnected は「(電源などを) 切られている」、unconnected は「連続していない、独立した」などの意味。前につく接頭辞（prefix）によって意味が微妙に異なる。

私のように気まぐれな英語教師は、こんな所ばかり試験に出しているから、受験生は要注意だ。

95

ことばは気まぐれ（反対表現の世界）

inの反対語はoutだ。しかし、in〜となると事情は異なる。out of〜がin〜と反対表現となることがある。in season ⇔ out of season（季節はずれで）in fashion ⇔ out of fashion（流行遅れで）in order ⇔ out of order（故障して）in danger ⇔ out of danger（危険を脱して）in shape ⇔ out of shape（体調が悪くて）in sight ⇔ out of sight（見えない所に）in proportion ⇔ out of proportion（釣り合いを失って）などの表現がある。

私は片田舎に住んでいてずっと気になっていた表現がある。バスが空で走っているときにNot in Serviceという表示をだしているのだ。In Serviceの反対表現はOut of Serviceだろう。そんなことも知らないのか。ところが、本場のロンドンにきても、Not in Service

一昔前のロンドンバス

だ。なぜ、Out of Service と言わないのか。少し注意して観察してわかった。「今のところは利用できません」が前者の表現。後者の表現では完全に利用できなくなってしまったことになる。だから、Temporarily Out of Service という表現が生まれる。「一時的に利用できません」の意味だ。

類似の表現はいっぱいある。インターネット上には WebCorp という便利な道具があるので、それで調べてみた。Temporarily Out of Stock [Operation/ Order/ Action/ Work] などがでてきた。

Till Closed という表現もおもしろい。お店やレジが少しのあいだだけ閉めているときに使う表現だ。Closed ではまずい。完全な閉店になってしまうし、レジが利用できないことになってしまう。少しのあいだだけ閉じていますよといいたいときに、この表現を用いる。もちろん Temporarily Closed でもよい。これらはかなり微妙な点だが、重要だともいえる。

お店の表示でおもしろいのは、以前の値段と今の値段を並べて示す表現だ。Was と Now を用いる。こんな表現は十二年前にはなかったように思うが、現在のイギリスではごく一般的な表現だ。

こんな例もある。School is over. は授業後だが、School is out. は休み中だ。ことばはなかなか一筋縄ではいかない。だから、おもしろいのかもしれない。

セールの値段票

96

文字のひっくり返し

現代英語の bird の綴りはもともと brid だった。文字がひっくり返ったのだ。third が three から来ていることも思い出したい。現代英語の third の綴りはもともと thridda だった。thirty, thirteen は前者の綴りの系統で、three, thrice は後者の部類だ。日本語にもなっている「トリプル」(triple) も後者に属す。「トリプル・パンチ」「トリプル・アクセル」「トリプル・エー」など複合語で用いられることが多い。

日本語の「あらたし」が「あたらし」に変わったのと似ている。「あらためる」「あらたに」はその名残だ。また、すしの「ねた」というが、もともとは「種」だった。「ねた」は、新聞記者や寿司職人が用いた隠語のようだ。

このような文字の引っくり返しは子供のことばにはしばしば見られる。私の子の例をあげよう。息子は小さいころ、「まごが嫌いだ」とよくいっていた。「ごま」のこと。女の子は母親に、「お母さん大変だ、そこでこうじがあったよ」「どこでこうじをしているの」。「事故」を「工事」といったのだ。

私の子供が逆さことばを多用しているわけではなさそうだ。日本語にはこれが多いという。「腹鼓《はらつづみ》」は「腹づつみ」になってしまった。「山茶花《さんざか》」は「さざんか」になった。「だらしない」は「しだらない」の逆さことばだ。「しだら」とは梵語から来たことばで、格好のことだ。格好悪いのが「しだらない」だ。また、この「しだら」は「自堕落」のなまったものだという説もある。そうすると、私たち年寄りが使う「自堕落な生活」と若者でもわかる「だらしのない生活」という表現は語源的に同じということになる。

日本をよく知るイギリス人の話だが、日本語を話しているときに文字をひっくり返して話すと、日本人はそんな間違いはありえないという顔をすることがあるという。彼女の分析によると、日本人の頭のなかには発せられた音と漢字や漢語が直結しているからだろう。例えば、「ぶんせき」を「ぶせんき」といい間違える。日本人の頭のなかには「分析」という漢語が存在しているので、このような文字のひっくり返しはありえないと思うのだ。これはきわめて示唆的で重要な指摘だ。日本人の言語生活が話し言葉においてさえ、漢字や漢語と密接な関係において成立しているということだ。

97

形容詞や副詞について、フリーに質問して下さい。

副詞として用いられる free と freely とを混同してはならない。You can travel free with this special ticket.（この特別切符を使えば無料で旅行できます）You can travel freely to all parts of the country.（あなたは国中どこでも自由に旅行できます）

free の意味を「自由だ、自由な」と覚えてしまうと、この語の他の使い方が理解しにくい。むしろ、free from... 「～がない」という表現から、この語の基本義を把握したほうがよい。free from charge で「只の」（ロハという）free from work で「暇な」となる。

日本人の「フリー」はどうしても「自由な」から離れることができない。だから、「フリーパス」は「自由に出入りできる切符」だと考える。しかし、英語の free pass は「無料入場券」だ。だから、「フリー切符」などと広告にあると、英米人は完全にすべてが無料だと考える。

fair は元来「(人とくに女性が) 美しい」の意味で用いられので、好ましいイメージがある。一般の行為についていえば、fair は「公正な」「ルール違反や不正などのない」という意味で、英米では重要な価値基準だ。fair play, fair trade, fair pay などを考えるとよい。

thin はもともと中立な語だが、やせこけたという悪いイメージで用いられることがある。良いイメージの語としては slender（つり合いのとれた優美なからだの）slim（肉のあまりついてないほっそりした）などがある。thinly veiled という表現は、特定の人々に向けられると、差別表現となる。

alone はもともと all+one だった。このため、「一人」とか「一つ」の場合だけに用いられると考えられがちだが、複数の人や物の場合にも用いられる。なお、alone の含意としてさびしさはない。solitary, lone が物について用いられる時は「たった一つ」の意味しかないが、人に用いられると「さびしさ」の意味が含まれる。lonely, lonesome は物の場合にも人の場合にも「さびしさ」が含まれる。

altogether（完全に、全部で）はもともと all together から生まれた語だが、現在では両者は意味がまったく異なる。all together は「集団で一緒に」の意味である。

ロンドンで生活をしていると clear の意味が実感として理解できる。日本人はこの語を「晴れた」とか「すきとおった」という意味で覚えているだろう。ロンドンの地下鉄を利用すると Stand clear of the closing doors. という表現を毎日聞かされる。clear の原義は「（さえぎるもの、邪魔なものが）ない」という意味。空にさえぎる雲がないと「晴れた」空になる。地下鉄の扉のところには、ものを置いても人が立っても邪魔になる。

98

手紙とletter

ここでは文字のいろいろな話をしよう。

letterはもともと文字の意味である。そこからいろいろな語が生まれ、意味が多岐に展開していった。『袖珍辞書』には「文字、書翰」とあるが、その後「文章、学問、文学」などの意味が追加された。大正時代の辞書になってやっと「手紙」が出現する。

I（私）はなぜいつも大文字なのだろう。印刷術が十五世紀ころから発達し、隣の語と続けて読まれたり、ii、iiiといった数字と混同しないように、大文字で書かれるようになった。

十七、十八世紀の辞書を見る場合、アルファベットで注意しなければならない文字がある。一つは、jだ。jはアルファベット二十六文字のなかで最も新しい文字で、十五〜十六世紀にiとjの音を区別するために作られた。これとはまったく逆の現象が日本語にある。日本語では、かつて「い」と区別する「ゐ」があったが、後者がなくなった。

もう一つはuとvだ。これも昔は一緒に一ヵ所に置かれていた。wの文字の読み方は誰でも知っている。「ダブリュー」だ。しかし、それがdouble uと知る人は少ない。wの文字はvが二つくっついたものである。このことからもvとuが同じ文字だったことが理解されるだろう。literalという語がある。「文字通りの」という意味である。これこそまさにletterの語源から文字通りに（literally）生まれた語である。

literacyという語は、読み書きの能力を表わす。その反対語のilliteracyは読み書きの能力がないことだ。日本の文盲率はほとんどゼロに近いが、アメリカ人の約一割は家庭生活や仕事に必要な読み書き能力がないといわれる。最近では、コンピュータリテラシー（computer literacy）という語がよく使われる。コンピュータを使いこなすことができる能力のことだ。だから、日本人が使っている「レター」と「リテラシー」は語源的につながりがある。

literatureは文字が大量に集まってできた「文学」のことだ。この日本語はずっと古くから使われていたが、詩と小説と演劇の総称として用いるようになったのは明治二十年ころからだといわれる。

また、「文学者」のことをa man of lettersというのを高校時代に覚えた。これも同じだ。この英語表現はむしろ「文人」「文筆家」と訳したほうが適切かもしれない。a man of lettersは文学者に限らない。文字を綴る人たちのことだ。

99

「哲学」「小説」「雑誌」「汽車」を作った人々

日本人のほとんどが英語を勉強しているが、その歴史は約百五十年にすぎない。幕末のころ、イギリスを「英吉利」と表記したので、その言語を「英語」とよび、その学問を「英学」と呼ぶようになった。頭の音を「英」（エ）と表記したのは恐らくオランダ語の影響だろう。

「哲学」は明治の初期に哲学者西周《にしあまね》が訳語として作り出した。日本語の「哲学」はきわめて堅い語だが、英語の philosophy は「原理、考え方、悟り」などの意味で日常的な語である。

福沢諭吉は『西洋事情』（慶応二年）『学問のすすめ』（明治五年）などの著作を百冊以上書き啓蒙思想家として活躍した。啓蒙は enlightenment の訳だが、私は「開明」のほうが原語に近くわかりやすいと思っている。これらの著作のなかで「汽車、汽船、演説、討論」などの新語を造り、まさに日本の社会に新しい光を投げかけた。どの国においても開明に不可欠なのは、新聞・雑誌を中心とするマスメディア（mass media）の発達だ。『学問のすすめ』は三百五十万部も売れ、日本人の約一割が読んだ。

幕末のころ magazine を初めて「雑誌」と訳したのは柳河春三《しゅんさん》だ。名古屋に生まれ、十歳のころ伊藤圭介より蘭学を学んだ。英語とフランス語に通じ、訳した洋書は百余巻もある。日本の開明を助けた功績は春三が第一といわれる。幕末に『西洋雑誌』を創刊した。日本人の手になる最初の新聞『中外新聞』を出した。また、日本にいる外国人が書いた新聞 *The Japan Herald* を翻訳し『日本新聞外篇』として発行した。

magazine はアラビア語で「倉庫」を表す語が源だ。**magazine** とは「知識や情報がいっぱいつまっている倉庫」の意味である。日本語の「雑誌」も、かつては「種々雑多な事柄を書き綴った書物」の意味だった。

少し前の数字だが、毎月読んでいる雑誌として、日本の高校生は男女とも約七割が漫画をあげているが、アメリカでは二割以下だ。ファッション雑誌は日米の女子高校生に人気が高く九割に近い。音楽雑誌は日米や男女に関係なくよく読まれている。また、アメリカの男子高校生は約六割がスポーツ雑誌を読んでいる。今の学生は小説など読まないのだろうか。

「小説」は、小説家・劇作家として有名な坪内逍遥《しょうよう》が新たに定義した。坪内逍遥は美濃加茂市太田の代官手代の子として生まれたが、名古屋笹島町に転居した。そこには大惣《だいそう》と称する大きな古本屋があった。十四歳のときに官立愛知英語学校に入学。のちにシェイクスピアに関心を深め、その作品をすべて日本語に翻訳した。「小説」はかつて町のできごとを記した散文の意味だった。英語の **novel** の語源はラテン語の **novus** で、「新しいもの」の意味だ。

100

「ノー」と言わない日本人

アメリカ人との交渉などで一番問題となるのは、日本人の気軽にうなずく動作だ。日本人は相手の話を聞いているときに、この動きをよくする。特に中年の女性に多く、ほとんど無意識のうちにやっている。nod の動作は日英共通だが、英語国民は相手の発言にいちいちうなずくことはしない。この仕草をアメリカ人は nod だと解釈し、「理解した」「承諾した」と誤解しトラブルが起こる。

また、英米人にとっては、日本人が「うん、うん」と小声でいいながらこきざみにうなずくと、この人は私のことをばかにして話を聞いていないのかと思ったりするという。何気なく日本人がやるしぐさだが、要注意。

飲食物をすすめられたのを断る時には No. だけでなく、No, thank you. というのがふつうだ。これに対して、日本人は「お茶を飲みにいきませんか」と誘われ断る際に、「いいえ」とはいわない。「そのうちまたね」などと遠回しにいう。この答え方を英語国民は誤解することがある。英語でも Perhaps later.（あとでね）Not right now, thank you.（ありがとう、でも今はだめ）などという言い方はあるが、それは断りの表現ではなく文字どおりの意味である。

英語国民が断固として“No!”というときは、その身振りとして手のひらを下にして両手を胸の前で交差させ左右へ強く払いのける。日本人なら、首を強く左右に振るだろう。

英米人の目上の人に対する改まったおじぎはbowで、腰を中心にして上半身を軽く前に倒す。英米では、bowはあいさつの行為というよりも、深い尊敬や崇拝を表したり、時には敗北を認めたりするときの行為だ。日本人は日常生活でも背を丸くして頭を下げてあいさつをする。このため、日本人のおじぎは英米人の目には異様に映る。

では、Yesを身振り言語で表わすにはどうしたらよいだろう。一つはnodすなわち頭を上下させる。また、英米人はO.K.の意味で、親指と人差し指で丸を作り他の指をたてて相手に手のひらを見せる。時にはその手を前後に動かす。このしぐさは日本人の「お金」のしぐさによく似ている。両者にとって誤解のもとになる可能性がある。英米人が「お金」を示すとき、親指と人差し指をこすり合わせる。紙幣を数えるしぐさである。

ロンドンのグローブ座

あとがき

本書の原型については、はしがきで述べた。私が高等学校の現場にいたころ、文化の学としての英語教育を高らかに謳っていたころに書いたものである。それだけに、私にとっては掛け替えのないものである。それを、春風社のご厚意を得て、出版する運びとなったことはうれしい限りである。

校正を重ねながら、本を読み通そうとする人々にとって本書はかなりつらい読み物になってしまったと思っている。本書の最初の書名は『ことばの万華鏡』で、百三十余の話からなっていた。自由な話題でとてもゆったりとした読み物だった。出版社との話し合いで、百三十を百にすることにし書名も変えた。数を減らす作業の際に、比較的読みやすい箇所を削除した。それらの部分のほとんどが、英単語とはあまり関係のない箇所だったからである。この部分を消去したために、緩衝部分がなくなり、全体として疲れる読み物になってしまったかもしれないと懸念している。

本書を読まれるのは一般読者かもしれない。英語が好きな人、英語を教えている先生方、英語を日々学んでいる人々かもしれない。多くの幅広い人々に読んでいただきたい。私がこれまで書いた十四冊の単著にもまして、この本は多くの一般読者を獲得するだろう。しかしながら、私が本当に読んでほしいと思っているのは、大学受験を目指している高校生や予備校生である。彼らが教室で学んできた英単語に、いのちを吹き込みたいのだ。英単語のもつ意味や語源などを探ることによって、英米人が育んできた歴史や文化を感じ取ってほしいのである。本書が予備校で静かなセラーとなっているなどという話が聞かれたら、著者としては最大の喜びである。

今回も春風社のお世話になった。もう長いお付き合いである。それは、ひとえに三浦衛氏の人柄かもしれない。お互いにとって特に問題がなければ、さらに長く付き合いたい。スタッフの皆さんに心から感謝したい。

二〇〇九年一〇月

愛知県一宮市　　早川　勇

本書で扱った英単語

[A]

ability 187
able 187
access 50
accessory 50
achieve 172
acorn 80
acquaintance 130
action 190
Adam's apple 18
advertising 19
afternoon 26
age 116, 123
albatross 114
album 121
albumen 122
albumin 122
alcohol 35
alike 159
All Souls' Day 10
alone 194
altogether 194
amateurism 148
American 18, 24
among 185
anger 116
Anglo-Saxon 120
animal 89
apart 62
apartment 62, 71, 149
apple 17, 18, 33, 116
arbitrary 187
arm 135, 136
ass 96
attraction 50
aubergine 16
audience 182
autumn 165
avenue 65, 66
awkward 87

[B]

babysit 160
babysitter 160
back（背中） 134
backache 134
backpack 58
backyard 75
bacon 42
bag 57, 91
bagel 40
baked 10, 12, 45, 46
balcony 176
bald 114
band 52, 166
bank 174
bare 139

barefoot	139
bargain	49
bat	114
bathing	52, 53
bathroom	71
battery	49
beach	84
bean	10
beanstalk	10
bear	89, 90
beautiful	106, 119, 188
beauty	176
beckon	146
bed	3, 72, 139
bedcover	72
bedroom	71
bed-spread	72
bedstead	72
bee	108
beef	27, 100
beer	35, 36, 182
beetle	107
beggar	2
belly	126
belonging	182
belt	52
berry	112
between	185
bicycle	23, 160
bird	109, 113, 114, 191
birdie	113
bird-watcher	109
birth	112
birthday	21, 181
biscuit	23
bitter beer	12
biweekly	23
black	25, 31, 91, 105, 116, 117, 119
blanket	72
blender	32
blind	114
blonde	117
blouse	54
blow	141
blue	19, 53, 85, 115, 117, 118
blue-sky	118
boar	100
boat	166
boiled	12, 40, 41
bookbinding	137
bored	126
born	115, 124
bottle	168
bowler	150
box	76
Boxing Day	154
branch	79
bread	39, 40, 42
breakfast	41
breast	110, 133, 134
breath	89

breed	93	camel	102
breeder	93	camellia	7
breeze	84	camera	121, 122
broad	125	cameraman	121
broadcast	124	campaign	39
broadcasting	157	candle	60
Broadway	65	cannibal	100
brown	90, 117	cap	129, 150, 171
brunch	42	cape	171
brunette	117	capital	129, 171
buck	97	captain	129, 171
bulb	49	card	56
bull	96	care	91
bull rider	96	careful	188
bulldog	92	careless	188
bullfighter	96	carnival	100
bun	39	carp	47
burger	10	carrion	111, 112
bus	67	castanets	170
bush	77	castle	22
business	53, 56, 132	cat	91, 92, 104, 184
businessman	178	cathedral	158
busy	108	cement	32
butter	42	central	72
butterfly	107	cereal	41
		chain	160
[C]		chamber	121
cafeteria	32	changeable	81
cake	21, 22	chapel	171
calf	100	chapter	171
calling	56	character	131

charge	193	companion	39
cheek	19, 131	company	39
cherry	1, 2	complain	176
chest	110, 134, 160	complaint	176
chestnut	66, 117, 170	computer	196
chin	131	concrete	32
chip	12, 45	conference	20
Christ	154	confidence	112
Christmas	21, 154	conform	180
Christmas Eve	153	congratulations	181
chrysanthemum	7	cookie	23
cider	33	cooking	18, 168
civil, civilian	53	cook-stove	168
claim	176	cool	16
clam chowder	38	copycat	101
class	150	cornflake	41
cleaner	68	costume	173
clear	194	countless	188
clench	132	country house	66
closed	190	course	62
closing-down	49	court	147
clothes	49, 53	cow	96, 100
clover	8, 56	cracker	23
club	56, 147	cranberry	112
clutch	146	crane	112
coat	53	crayfish	48
cockroach	108	cream	31, 176
cod	45	cream puff	28
coffee	29, 31, 32, 182	crocodile	102
color, colour	117	cross	90
commerce	121	crow	111, 112

cuckoo	110
cucumber	16
culture	161
cunning	101
cup	26, 60, 129
curiosity	91
currency	67
current	67
custard	27
custom	173
cuttlefish	48

[D]

daffodil	5
dahlia	6
daisy	6, 7
dance hall	175
dancer	175
dancing	175
dandelion	7
danger	189
dark	117, 119, 120
day	6, 10, 17, 41, 47, 120, 154, 177, 181, 184
deer	89, 97, 100
depart	62
department	62, 167
desert	102
dessert	27
detached	72
dialogue	186
diamond	169
digital	122
dilemma	186
dimple	130
dinner	42, 48
direction	184
dirty	99
disconnected	188
dish	42
disinterested	187
dislike	187
divert	186
diving	53
divorce	186
doctor	17, 70, 132, 175
dog	39, 92, 93
dolphin	97
donkey	96
door	73, 136, 194
double	72, 195
dove	112
dragonfly	107
dress	53, 173, 174
drink	33, 34, 37, 99
drive	68
drive-in	68
drive-through	68
driveway	68
dry	33
duck	110
duckling	110

[E]

eagle 103, 113, 114
earache 182
earn 39, 127
earth 6
eat 37, 42
echo 88
economy 78
eel 43, 44
egg 16, 41, 42
egg plant 16
elephant 102, 104
English 77, 92, 144
enlightenment 81, 197
entertainment 50
entrance 73
envy 116
eponym 162
escape 172
essay 175
etymology 159
evening 156
experienced 177
expert 177
expressway 65, 67
eye 6, 84, 113, 116, 117, 119, 120, 143
eyebrow 143

[F]

face 129, 130
fair 3, 63, 148, 193
faithful 8
fall (秋) 165
fame 8
fancy 21
fashion 178, 189
fast (断食) 41, 47
fast (早い) 68
fat 16
fence 75, 160
fight 92
film 19, 122
finger 137, 138
fire 108, 126, 157, 174
fireplace 74
first 138, 181
fish 12, 45, 47, 48
fish and chips 12, 45
fishy 47
fist 146
five o'clock tea 26
flag 120
flammable 188
flask 168
flea 32
flock 105
floor show 50
floral 24
flour 24
flourish 24
flower 3, 24, 76, 77

fly (蝿)	103, 108
folk	159
follow	105
food	32, 68
foot	139
football	148
forbidden	18
forefinger	138
forehead	129, 130
foreign	149
foreigner	149
forest	80, 149
forget	7, 104
form	179, 180
formal	179
formation	160, 180
fortunate	187
fortune	126, 187
four, fourth	112, 137, 138
four-leaf clover	8
fox	101, 150
foxy	101
free	81, 193
freedom	46
freely	193
freeway	67
French	45, 46
fresh	31
freshly	32
friction	166
Friday	63
fried	12, 40, 46
friend	36, 92, 184
front	73, 75, 78, 167
fruit	18, 21, 33, 76
fry	114
full	48, 72, 134
full-course	48
full-time	50
funeral	176
furnished	71

[G]

game	112, 157
garden	13, 30, 75, 76, 77, 78
gardener	77
gardening	78
garment	54
gas	157
gate	123
gather	3
gentle	105
ghost	183
gingko	13
glass	60
goat	106
god	63, 87, 88, 101, 105, 151, 156
gold	112, 123
golden	79, 123, 124
goodbye	146
gooney	114

goose	123
grape	36
grass	8, 116
gray	117
greedy	99
green	8, 14, 17, 25, 26, 99, 115, 116, 117, 138, 159
greengrocer	116
greyhound	92
grinder	32
grip	136
grit	132
grocery	116
grow	8, 80
guard	178
guardsman	178
gum	166

[H]

haddock	45
hair	117, 178
half-naked	140
half-time	50
hall	35, 73, 175
Halloween	11
ham	42
hammer	136
hand	125, 134, 135, 136, 146
handbag	57
handgrip	136
handkerchief	135, 141
handle	136
handlebar	136
handshake	123
handy	136
hare	102
hat	150
hawthorn	76
hay	52
hazel	117
head	90, 125, 129, 139
headache	182
headband	52
health	8, 19
heart	123, 127, 134
heater	168
heating	72
heaven	6
hedge	75
hide-and-seek	46
high tea	26
highway	65, 67, 68
hip	134
hold up	129, 138
holly	76
holy	183
home	69, 70, 108
home-like	69
homely	69
home-made	70
home run	70
homesick	70

hometown 70
honeymoon 90
horse 93, 94
horse chestnut 66, 170
horseshoe 94
hose 166
hospice 70
hospital 69, 70
hospitality 69
host 70
hostess 70
hotel 69, 70
hotplate 168
hourly 63
house 29, 32, 35, 62, 66, 69, 71, 72, 108, 136, 149
howl 111
humming 109
humor, humour 183
hunting 149, 150

[I]
ice cream 176
iced 26
idea 118
illiteracy 196
imbalance 188
inability 187
index 138
inflammable 188
inform 167, 179, 180
informal 179
information 167, 179
insect 61
insensible 188
insensitive 188
interchange 68
interested 187
intersection 62

[J]
jacket 53, 54, 174
jacket potato 12
jar 76, 167, 168
jaw 131
jealousy 116
job 19, 149
journey 158
juice 33
jumper 173, 174

[K]
key 49, 74
king 15, 72
kitchen 76
knapsack 58
knife 160

[L]
ladybird, ladybug 108
lager beer 36
lamb 105

lane	65
language	144, 187
lap	126
lark	15, 109
laurel	79
lawn	8
leaf	8, 80
leek	15
left (左の)	87, 126, 160
left-handed	87
leg	16, 139
lemon	19, 25, 26, 34
lemonade	34
lemon-lime	34
lens	122
letter	195, 196
life	3, 89, 92
light	82, 116, 126, 156
lilac	5
lily	6
lion	7, 103
liquidiser	32
literacy	196
literal	196
literally	196
literature	196
living	71
lobster	48
lone	194
lonely	194
lonesome	194
lost	105
love	6, 8, 15
lover	15
lower	131, 150
lucky	20, 184
lunar	86
lunatic	86
lunch	42
luxury	126
lynch	162

[M]

machine	167
mackerel	45
magazine	197, 198
magnitude	55
main	42
mandarin	110
manners	181
man of letters	196
mansion	66, 71
maple	80
mash, mashed	12, 43
mass media	98, 197
master	129
mattress	72
meat	44, 94, 99
medical	137
medicinal	137
medicine	55
menses	90

mice	104
microwave	168
middle	138, 150
milk	10, 25, 31
mill	32
mind (*n.*)	127, 134
mind (*v.*)	128
misfortune	187
mixer	32
monarch	80
Monday	118
monkey	101
monster	116
month	90
monument	174
moon	85, 86, 90, 118, 124, 126
morning	155
mosaic	152
motor	67
motorway	65, 67
mountain	68
mouse	28, 103, 104
mouth	124, 125
movie	19
muffin	26
muffler	133
Muse	152
museum	152
music	152
mutton	100

[N]

naive	175
neck	125, 129
necklace	133
neckline	133
nest	110
night	155, 156
nightingale	110
nine	91, 184
no	3, 128, 199, 200
nod	125, 129, 199, 200
nonflammable	188
noodle	60
nose	132, 141
novel	198
number	69
nymph	88

[O]

oak	80, 184
obstinate	99
obstruct	139
office worker	178
O.K.	200
once	85, 118, 185
onion	15
onward	158
operation	190
opportunity	123
orange	33, 115
orchard	1

order 189, 190
out of 91, 129, 189, 190
oven 168
owl 111
ox 100
oyster 48

[P]

pack 46
pale 118
pan cake 22
pansy 6
pantaloons 52
panties 52
pants 51, 52, 53
paper 60, 135, 141
paprika 14
parachute 84
parasol 84, 86
parlor, parlour 176
part 54, 62, 193
partake 62
part-time 50, 62
pass (*n.*) 193
pastor 105
path 65
pavement 65
pay 63, 64, 193
pea 159
peach 19
peacock 110
pepper 14
perform 180
performer 178
personality 178
petrol 157
philosophy 78, 197
photographer 121
pie 11, 18, 43, 44
pig 99, 100
pigeon 110, 112
pillow 72
pine 80
pink 19
pizza 176
plaice 45
play (*v.*) 56, 101, 104
play (*n.*) 63, 148, 193
plum 19
plywood 176
poached 42
pod 159
poison 99
police 157
pop 34
pork 18, 100
post-office 158
pot 60
potato 12, 43, 46
priceless 188
prime 124
privacy 73

private	61, 64
privet	76
program	124
prominent	132
proportion	175, 189
Protestant	120
proud	110, 132
prune	19
public	32, 61, 64
pudding	27, 28
pumpkin	11
Puritan	165
purple	115, 116

[Q]

queen	3, 72, 151
queue	153
quilt	72

[R]

racing	92, 93
racket	147
radio	157
radish	16
raft	166
railway, railroad	157
rain	8, 83, 92
rainbow	115
rat	104
raw	41
reception	167
red	14, 17, 36, 76, 115, 116, 117
redbreast	109
reflex	122
reform	180
remedy	123
rent	136
repeat	127, 160
restaurant	68
return	158, 181
rice	40, 101
right	87, 132, 156, 199
right-handed	87
ring	137
road	65, 66
roadside	68
roast	18, 27
robin	76, 109
roll	39
roof	91
room	30, 49, 70, 71
rose	3, 4, 76
rosy	131
rotary	66
round（丸い）	143
roundabout	66
rub	131
rubber	52, 166
rugby	148
Russian	25

[S]

sabbatical 184
sabotage 172
saffron 5
sailor 2
salad 14, 15
salary 63, 163
sale 49
salmon 48, 90
salt 63, 163
Salvation Army 153
sandwich 161, 162
sardine 46
sauce 9, 10, 18, 163, 164
saucer 26, 143
scarf 133
school 64, 190
scone 25
scoop 169, 170
scrambled 42
scratch 131
season 189
second 138
secret 112
section 61
sectionalism 61
sector 61
segment 62
semi-detached 72
senseless 188
sensible 188
sensitive 188
separate 62, 106
serve 41
service 189, 190
seven, seventh 112, 184
sewing 167
sex 62
shake 125, 129, 136
shape 189
sheep 100, 105, 106
sheepdog 92
sheets 72
shepherd 105
Shinto 88
ship 102
shirt 54
shock 161
shooting 149
shop 31, 32, 116, 136
shoulder 125, 126
shovel 170
show (*v.*) 73, 129, 132
show (*n.*) 50, 77
shrimp 48
shrub 77
shrug 125
sidewalk 65
sight 189
silver 79, 112, 124
silvery 124
single 72, 122

sip	37
skirt	54
sky	54
skylark	109
slacks	51, 52
sleep	101
slender	194
slice	25
slim	194
slipper	140
sly	101
smoking	128
snack	60
sneeze	141
soccer	148
soda	34
soft	33, 34
soldier	2
sole	45, 48, 84, 86
solitary	194
son	132, 183
sore	90
sorrow	112
soup	11, 14, 37
soy, soya	9, 10, 164
soy sauce	9, 10, 164
spare	49
sparrow	109
spirit	183
sponge	22
spoon	124
spring	15, 40
square	131
squash	33, 34
squirrel	98
stadium	174
stamp	158
stand (up)	139, 157, 194
star	126, 178
station	157, 160
steering	136
stew, stewed	38, 43
stick out	134
stock	190
stomach ache	182
stone	2
store	62, 129, 167
story	47
stove	168
stray	105
street	65, 66
stretch	136
stroke	131
stubborn	96
student	50
studio	71
stylist	178
suburb	182
sugar	31
suit	52, 53, 54
sulky	99
summer	110

sun	6, 86, 156
Sunday	184
sunny-side up	42
sunroof	156
sunshine	156
sun-worshipper	155
superhighway	67
superior	43
supermarket	9, 20
supper	42
swallow	110
swimming	52, 53
swine	100
symbolism	119

[T]

table	181
tailor	2
talent	178
tape	166
tax	160
tea	25, 26, 29, 30, 42
teacher	50
tear	102
teddy bear	90
teeth	132
temporarily	190
tennis	147
terrier	92
thermo	168
thick	16
thief	2
thinly	194
third	138, 191
thirteen	191
thirty	191
thorn	3, 4, 76
thorough-bred	93
thoughtless	188
three	112, 191
thrice	191
throat	146
thrust	131, 132
thruway	67
thumb	137, 138
ticket	157, 193
tinker	2
tissue	141
tobacco	166
toe	138
tofu	9
tomorrow	155
tongue	143, 144
tonight	124, 126
toothache	182
tortoise	102
towel	135
trade	63, 188, 193
transform	180
travel	193
triangle	124
trick	112

trimmed 159
triple 191
trousers 51
trout 48
trowel 170
truck 67
trump 56
trunks 52
tulip 6
turkey 153
twice 185
twig 185
twilight 82, 185
twin 72, 82, 185
twist 185
two 82, 112, 159, 182, 185
typewrite 160
typewriter 160

[U]
ugly 110
umbrella 83, 84
unable 187
unattended 182
unconnected 188
uncooked 41
underpants 52
undershirt 54
undershorts 52
unfortunate 187
uniform 179
uninterested 187
union 15
unlike 187
unlucky 20
unskilful 87
upper 131, 150

[V]
vacuum 168
Valentine's Day 3
veal 100
vegetable 15, 116
vehicle 65, 67
veneer 176
venison 97, 100
veranda(h) 176
veteran 177
victory 138, 177
violet 5, 115
visiting 56
VJ Day 177
voyage 65

[W]
wage 63, 163
waist 134
warm 35
watermelon 20
wave 146
way 65, 139
wealth 8

wedding	21, 112, 123, 137
weed	8
weekend	63
wet	83
whale	102
wheel	136
white	16, 31, 36, 54, 85, 92, 118, 120, 146
white-collar	178
wide-eyed	143
wind	84, 174
wind breaker	174
window	84, 129
wine	36, 182
wink	143
winter	40
wish	21, 125, 126, 181
wonder	184
wood(s)	149
wool	53
work	50, 190, 193
worker	62, 178
working	50, 150
worn	54
worshipper	86
wreath	154
writer	160
wrong	72

[X]

Xmas	154

[Y]

yard	75, 76
year	83, 160, 184
yellow	115, 116

[Z]

zipper	58

早川　勇（はやかわ・いさむ）

1947年　愛知県名古屋市生まれ
1971年　愛知県立大学文学部英文学科卒業
1997年　言語文化学博士（大阪大学）
1998年　英国エクセター大学応用言語学研究科博士課程満期退学
1998年　日本英学史学会豊田實賞受賞
2008年　英国ロンドン大学高等研究院英語研究所客員研究員
2009年　Marquis Who's Who in the World（2009）に掲載される
現在　愛知大学経済学部教授、愛知大学文学研究科教授

［主要著書］
『英語のなかの日本語語彙－英語と日本文化の出会い－』（辞游社、2003）
『日本の英語辞書と編纂者』（春風社、2006）
『英語になった日本語』（春風社、2006）
『ウェブスター辞書と明治の知識人』（春風社 、2007）

英単語のいのち

二〇一〇年四月二二日　初版発行

著者　早川勇
発行者　三浦衛
発行所　春風社
横浜市西区紅葉ヶ丘五三　横浜市教育会館三階
電話　〇四五・二六一・三一六八
FAX　〇四五・二六一・三一六九
http://www.shumpu.com
info@shumpu.com
振替　〇〇二〇〇－一－三七五二四

装丁　矢萩多聞
装画　たけなみゆうこ
印刷・製本　シナノ書籍印刷株式会社

 ISBN978－4－86110－217－2 C0095 ¥1800E